나는 왜
저 인간에게
휘둘릴까?

나는 왜
저 인간에게
휘둘릴까?

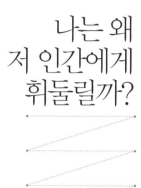

**이 세상 모든 민폐 인간들로부터
나를 지키는 기술**

가타다 다마미 지음 · 정선미 옮김

—— 주위 사람을 아무렇지 않게 휘두르며 민폐를 끼치는 사람은 어디에나 있다.

내 지인인 40대 남성은, 별거 아닌 일로 약속 시간을 몇 번이나 변경하는 친구에게 휘둘려 곤란해하고 있다. 그의 친구는 자신이 늦는 시간만큼 지인이 스마트폰으로 시간을 때우면 되기 때문에 그 정도는 민폐가 아니라고 생각하는 걸까? 지인은 이 친구가 그다지 죄책감을 느끼지 않는 듯 보여 더 화가 난다고 한다.

이런 일이 너무 빈번한 나머지 스트레스가 쌓인 지인은 '약속 시간 좀 지켰으면 좋겠어'라고 문자로 몇 번 주의를 주었다고 한다. 그러자 '그런 속 좁은 이야기하면 출세 못 한다, 너'라는 답장을 받았고, 그 후로는 아무 말도 못 했다는 것이다.

이처럼 주위 사람을 아무렇지 않게 휘두르는 사람은 '나는 나쁘지 않다'고 생각하면서 오히려 상대를 나무란다는 특징이 있다. 이 믿음은 '나는 반드시 옳다'라는 신념으로 이어지기 쉽다. 이런 신념에 기인하여 독신적 주장을 내세우는 사람도 있다.

이런 사람들은 '휴일에 집에서 빈둥대는 건 좋지 않아', '막차가 끊길 때까지 술을 마시는 사람은 다음 날 일을 제대로 할 수가 없어' 같은 주장을 펼치며 남에게 설교한다. 이는 분명 옳은 말이기 때문에 반론하기 어렵다. 그런데 문제는 이런 행동이 가끔은 스트레스 해소에 도움이 된다는 효과는 무시하고 무조건 타락이라고 여긴다는 것이다. '타락은 나쁜 것'이라는 지론으로 설교하기 때문에 듣는 사람은 거북하다. 그런데 정작 본인은 주위 사람의 이런 감정을 깨닫지 못한다.

이처럼 적지 않은 사람이 본인의 지론을 다른 사람에게 강요하고, '널 생각해서'라는 그럴듯한 말로 조언하기 때문에 듣는 사람은 굉장히 괴롭다. 예를 들어 또 다른 나의 지인인 20대 여성은 '널 위해서'라고 말하면서 본인 의견을 강요하는 친구 때문에 골치 아파하고 있다. 그 친구가 지인의 고민에 도움 되는 의견을 말하는 경우는 거의 없다. '회사야 까짓것 그만두면 되잖아', '상사 따위 무시해버려'라는 식이다. 이런 말을 들으면 마음이 편하지 않다. 그래서 지인이 '하지만 다른 직장을 구해놓지 않으면 회사를 그만둘 수 없잖아'라고 반론하면 이 친구는 자기 의견이 부정당한 것에 대해 화를 낸다.

친구라면 연을 끊는다는 선택이라도 할 수 있지만, 직장 상사나 동료라면 그럴 수 없다. 본인이 확인한 서류인데 '본 적도 없어'라며 시치미를 떼거나, 본인이 제시한 안건인데 '몰라'라고 말하는 상사는 항상 있다. 혹은 연락 온 내용을 제대로 전달해도 '들을 적 없어'라고 말하는 동료도 있다고 한다.

이런 사람들의 공통점은 '나는 나쁘지 않다'고 주장하는 자기 보호 욕구를 갖고 있다는 점이다. 본인을 지키고자 실제와는 반대로 말하는 것인데, 이런 사람일수록 책임을 추궁당하면 교묘하게 화제를 슬쩍 바꿔 피하려고 한다. 책임 전가의 달인이 많기 때문에 당신에게 책임을 뒤집어씌울지도 모른다.

무엇을 해도 싫은 상사나 동료가 있다면 퇴사라는 선택을 할 수도 있다. 그러나 가정에서는 그럴 수도 없다. 내가 진료한 한 40대 전업주부 여성은, 나에게 이상적인 가정의 조건을 이야기했지만, 정작 자신은 그 이상과 동떨어진 남편과 살고 있다.

그녀의 남편은 이상적인 가족 생활을 위해 '가족 생각이 제일 먼저', '가족 생일은 전원 참석', '건강한 가족이 목표'를 가족에게 강요한다고 한다. 그러나 남편은 가족을 생각하기는커녕 시댁이 우선이어서 거기에 아내가 조금이라도 잔소리하면 바로 화를 낸다. 또 가족 생일보다 친구와의 약속이 우선이어서 아내 생일에 아무렇지도 않게 동창과 한잔하러 간다고 한다. 게다가 가족에게는 건강한 생활을 할 것을 입 아프게 말하면서, 정작 본인은 자주 밤늦게까지 술을 마시고 새벽에 귀가한다. 남편의 이런 행동에 가족이 불만을 토로하면 남편은 언짢은 기색을 보인다고 한다.

이렇게 말과 행동이 일치하지 않는 사람은 어디에나 있지만, 그가 가족 구성원이라면 상당히 민폐다. 가장 답답한 것은 '무슨 말을 해도 듣지 않는다는 점'이다. 다른 사람을 아무렇지도 않게 휘두르는 사람은 자신의 행동 때문에 다른 가족이 무력감을 느끼고 우울증에 걸려도 본인 때문이라는 생각은 전혀 하지 못한다.

반대로 남편 바가지를 긁으면서 그것을 전혀 깨닫지 못

하는 아내도 있다. 마찬가지로 내가 진료한 한 30대 남성은 아내가 '가족을 위해 시간 좀 내', '빨리 승진했으면 좋겠어'라고 지겹게 말해 '집에 들어가기 싫은 병에 걸렸다'고 호소했다. 그의 아내는 남편에게 계속해서 무언가를 요구하면서 본인은 남편을 막 대하고 집안일도 제대로 하지 않는 듯했다. 그 때문에 남편은 집에 들어가기 싫어져 최근에는 야근을 도맡아서 하고 있다. 그러다 인터넷에서 '집에 들어가기 싫은 병'을 발견하고 혹시 자신도 그 병에 걸린 건가 싶어 진찰 받으러 온 것이다.

이처럼 주위 사람을 아무렇지 않게 휘두르는 사람은 주변에 민폐를 끼치지만 정작 본인은 알지 못하는 경우가 많다. 때로는 휘둘리는 사람도 알지 못할 때가 있다. 그래서 이 책에서는 주위 사람을 아무렇지 않게 휘두르는 사람의 실태를 분석하고, 이들에게 휘둘리는 사람에게 해법을 제시하고자 한다.

먼저 1장에서는 주위 사람을 아무렇지 않게 휘두르는 사람이 이용하는 다양한 수법을 구체적인 예를 통해 설명한다. 2장에서는 그럴 때 나오기 쉬운 말과 행동을 소개한다. 혹 본인이 다른 사람을 휘두르는 사람은 아닌지 스스로 되돌아보면서 읽으면 좋겠다.

3장에서는 주위 사람을 아무렇지 않게 휘두르는 사람의 정신 구조를, 4장에서는 휘둘리기 쉬운 사람이 휘둘리는 이유를 분석한다. 휘두르는 사람과 휘둘리는 사람의 상관관계에서 여러 가지 문제가 발생하기 때문에 이 상관관계를 이해해야 한다.

마지막으로 5장에서는 휘둘리지 않기 위한 방법을 제시한다. 생각하는 방법과 대응 방법을 나누어 설명하는데, 두 가지 방법 모두 익숙해지면 남에게 쉽게 휘둘리지 않게 될 것이다.

누군가에게 휘둘려서 심신이 피폐해진 상태이거나 누군가에게 휘둘려서 안 좋은 기억을 가지고 있다면, 이 책이 도움이 될 것이다.

차례

❖❖❖

4장
—

목표물이 되기 쉬운 사람의 특징 137

1장

—

주위 사람을
아무렇지 않게 휘두르는
사람들

—— 주위 사람을 아무렇지 않게 휘두르는 사람은 남을 모욕하고 간섭하면서 그의 정신 상태를 불안정하게 하거나 또는 그럴 만한 능력을 가지고 있다. 이런 사람은 상대방이 스스로 뒤처졌다고 느끼거나 누군가에게 의지하지 않으면 아무것도 할 수 없다고 느끼게 될 때, 비로소 휘두르는 행동을 그만둔다. 제대로 된 요구나 수단으로는 손에 넣지 못하는 것을 차지한 후에야 그만두는 것이다.

이번 장에서는 구체적인 예를 통해 주위 사람을 아무렇지 않게 휘두르는 사람이 사용하는 다양한 수법을 소개하고 설명한다. 이 수법은 단독으로 사용되지 않는다. 주위 사람을 휘두르는 사람은 종종 몇 가지 수법을 조합하여 효과적으로 주위를 혼란에 빠뜨린다. 그러므로 자신이 휘둘린

다는 점을 빨리 깨닫고, 잘 관찰하여 이들이 어떤 방법을
이용하고 있는지 알아야 한다.

제멋대로 남을
지배하는 사람

── '지배'는 주위 사람을 아무렇지 않게 휘두르는 사람이 종종 사용하는 방법이다. 반대로 상대를 지배하기 위해 휘두르는지도 모른다. 대개 남을 휘두르는 당사자는 본인이 상대를 지배하려 한다거나 휘두르고 있다는 사실을 깨닫지 못한다. 그렇기 때문에 죄책감 없이 때때로 아무렇지 않게 위협이나 폭력으로 공포를 조성한다. 무엇보다 중요한 점은 지배하려는 상대를 전혀 존중하지 않고 상대가 무슨 말을 해도 들으려고 하지 않는다는 것이다.

한 20대 영업직 남성 회사원의 이야기다. 그는 성실하지만 소심한 성격의 소유자로, 작은 실수를 할 때마다 30대인 과장이 윽박지르며 죄책감과 공포심을 심는 데다가 본인이 하기 귀찮은 일을 그에게 떠맡기곤 한다. 그 탓에 이 남성은 노이로제에 걸려서 일을 잘 못하는 자신이 잘못이라 생각하게 되었다고 한다. 마치 컬트 종교 신자처럼 과장이 하라는 대로 하게 된 것이다.

상사인 과장은 조금이라도 괜찮다고 생각되는 아이디어가 떠오르거나 일의 진행이 조금이라도 불안하다고 느끼면 바로 그날 안으로 수정하도록 지시한다고 한다. 또 기획서를 올리면 꼬치꼬치 따져가며 트집을 잡는데, 본인 말대로 몇 번이고 수정한 기획서는 결국 처음 제출한 것과 별반 차이가 없다. 한번은 이 부하 직원이 과장에게 "처음과 비슷하네요" 하고 수정한 결과를 보여주자 그는 아무 말도 하지 않았다고 한다.

이 과장은 교묘하게도 채찍뿐 아니라 당근도 쓴다. "과장이 되고 싶거든 이 정도 일은 무난하게 해내야 해"라고 말하며 부하 직원에게 클레임 처리 등의 성가신 일을 미룬다.

이 부하 직원은 과장에게 완전히 지배당해 휘둘리게 됐는데, 이렇게까지 지배당하게 된 원인 중 하나는 그 과장을 처음에 그다지 경계하지 않았기 때문이다. '자네라면 할 수 있다고 생각하기 때문에 엄격하게 주의를 주는 거야', '완벽한 기획서를 제출하면 자네 평가가 올라갈 것일세' 같은 말을 들었기 때문에, 이 부하 직원은 '과장님이 나를 아끼고 있구나. 내 능력을 인정해주고 있어'라고 생각하여 과장의 말을 따른 결과 이런 사태가 벌어진 것이다.

이 같은 상황은 남녀관계에서도 일어난다. 더 많을 것이다. 처음에는 상대의 구애와 칭찬으로 인해 사랑받고자 하는 애정 욕구가 작용한다. 그리고 남녀관계가 되면 지배가 일어난다. 녹초가 되어 진료실을 찾아온 사람들의 이야기를 들어보면, 사귀기 시작할 즈음에는 상대방이 먼저 대시했거나 상대방에게 칭찬을 받은 경우가 많다.

파견사원인 한 30대 여성은 같은 회사 정직원 남성에게 휘둘려서 곤란해하고 있다. 이 남성은 그녀에게 집 청소와 식사 준비를 시키는데 그때마다 '너는 가정적이니까 좋은 아내가 될 거야'라며 넌지시 결혼을 이야기한다. 또 월말이 되면 그녀에게 돈도 빌려가지만 갚은 적은 없다.

이 여성도 자기가 결혼을 빌미로 이용당하는 것뿐이라고 느끼고 있다. 그러나 파견사원이라는 직업이 불안정하기도 하고 될 수 있으면 빨리 결혼하고 싶다는 생각 때문에 그의 요구대로 따르고 있다.

한번은 그의 방을 청소하며 다른 여성의 긴 머리카락을 발견한 일이 있었는데, 그때도 '만원 지하철에서 여자 머리카락이 붙었는데 모르고 있다가 집에 들어와서 떨어진 거겠지'라는 그의 변명을 믿었다. 아니 믿으려고 했다. 그녀는 결혼하고 싶은 욕구가 비정상적으로 강하지만 현시점에 결혼 가능성이 있는 사람은 그 남성뿐이니 믿을 수밖에 없는 것이다.

내 눈에는 상대가 이런 그녀를 이용하려고만 한다고 보인다. 그녀가 이 정도로 이용당하게 된 이유가 뭘까? 그녀가 이 남성이 일하는 회사에 처음 파견됐을 때, 그가 친절하게 일을 가르쳐주고 "동안이네. 20대인 줄 알았어"라며 칭찬해줬기 때문이다. 이런 칭찬은 흔하디흔한 것이지만 또 이런 말에 두근거리는 것이 여성의 마음이기 때문에 그가 수완 좋은 바람둥이라는 생각밖에 들지 않는다.

그가 이 정도까지 그녀를 마음대로 할 수 있는 이유는, 이 여성이 '이네이블러enabler'가 되었기 때문이다. 이네이블러란 직역하면 '~할 수 있도록 하는 사람'이라는 의미다. 겉으로는 친근하지만 문제 행동을 뒤에서 조장하는 사람을 가리키며 '지원해주는 사람'이나 '시중드는 사람'이라고 많이 번역한다.

이네이블러가 되기 가장 쉬운 사람은 알코올이나 약물 의존증 환자의 가족이다. 남편의 알코올 문제로 고민하는 아내가 남편에게 돈을 주거나 매번 음주로 생긴 문제의 뒤치다꺼리를 하는 것이 그것이다. 이는 결과적으로 남편의 알코올 의존을 조장하지만 아내는 자각하지 못한다.

이네이블러는 주위 사람을 아무렇지 않게 휘두르는 사람 주변에 있으면서 제멋대로인 그들의 행동을 허용한다. 그 이유는 위의 파견사원 여성처럼 실낱같은 희망이나 헛된 기대를 안고 관계가 끝나는 것을 두려워하기 때문이다. 그래서 다른 여성의 것으로 의심되는 긴 머리카락을 발견하고도 억지로 별일 아니라고 생각한다. 눈앞에 나타난 불쾌한 현실에서 고개를 돌리고 봐도 못 본 척하려 한다.

이처럼 계속해서 현실을 부정하기 위해서라도, 상대에게 존중받지 못하고 오히려 무시당하고 있다는 사실을 어렴풋이 눈치채고 있으면서도 그럴 리 없다고 스스로를 타이르는 것이다.

다른 사람을 아무렇지 않게 휘두르는 사람은 이런 이네이블러가 주위에 한 명이라도 있기를 바란다. 이들은 후각이 뛰어나서 이네이블러가 될 것 같은 사람의 냄새를 맡아 예비 이네이블러를 선별하여 휘두른다고 할 수 있다.

앞서 소개한 성실하지만 소심한 20대 남성 부하 직원도 전형적인 이네이블러이다. 자신이 과장에게 혼나는 것을 실수나 이해 부족 탓으로 여기고 있다. 게다가 공포로 위축되어 있기 때문에 사내에 문제를 일으키지 않겠다는 생각도 강하다. 그 때문에 과장이 번거로운 일을 하도록 강요해도 제대로 해내면 인정받을 것이라고 기대하면서 아무리 귀찮은 일이더라도 불평 한 마디 없이 한다.

이것이야말로 이상적인 이네이블러의 모습이다. 타인을 휘두르는 사람은 이런 이네이블러가 주위에 있으면 '이 정도 행동은 해도 된다'고 생각해서 폭주하기 쉽다. 즉 휘두르는 사람과 이네이블러의 상관관계 속에서 다양한 문제가 발생한다. 이런 상관관계에 대해서는 뒤에서 더 자세하게 살펴보자.

상대를 도구로밖에 보지 않는 사람

—— 앞서 이야기한 정직원 남성은 결혼 희망이 강한 파견사원 여성을 도구로 보고 이용하고 있다. 이런 상황은 가

정이라는 밀실에서 보다 쉽게 발생한다. 가정에서는 도망칠 곳이 없기 때문에 가족에게 휘둘려 궁지에 몰린 다른 가족 구성원들은 숨이 막힐 것 같은 상황에 처한다.

한 40대 전업주부의 이야기다. 그녀의 남편은 50대 경리부장으로 '여자는 집안일, 학생은 공부가 일'이라고 입버릇처럼 말한다. 아내가 집안일을 조금이라도 소홀히 하면 격분해서 '집구석에 있으면 집안일 정도는 제대로 해야 할 거아냐'라고 소리친다. 또 중학생 딸에게는 '공부해'라며 잔소리를 한다. 대학에 가지 못하면 인생이 끝난다고 생각하는 모양이다.

그 탓에 남편이 집에 있으면 아내도 딸도 마음이 편치 않다. 남편이 퇴근할 시간이 가까워 오면 아내는 가슴이 두근거리고 과호흡이 시작된다. 거실에서 텔레비전을 보던 딸은 자기 방으로 피난 간다고 한다.

이 남편은 성실하고 노력하는 사람이지만 체면을 극도로 신경 쓰기 때문에, 아내가 집안일을 제대로 하지 않아 집안이 어지럽혀져 있거나 딸이 공부하지 않아 대학에 들어가지 못하면 본인의 가치도 떨어진다고 생각한다. 다시 말하면 아내도 딸도 본인의 부가가치를 높이기 위한 도구로만 보고 그 역할을 충실히 하지 않으면 가족의 일원으로서

실격이라고 생각하는 것이다.

부모가 자식을 도구로밖에 보지 않으면 많은 비극이 일어난다. 그 전형이 부모가 이루지 못했던 꿈을 자식을 통해 이루려고 하는 경우이다.

한 40대 아버지는 고시엔(일본의 전국 고교 야구 시합-옮긴이)에서 뛴 경험이 있는 고교 야구선수였다. 대학에서 러브콜이 올 정도로 실력이 있었지만 부상으로 프로 야구선수의 꿈을 포기해야 했다. 그 아쉬움 탓인지 초등학생인 아들이 야구선수의 꿈을 이루어주기 바라며, 아들에게 공부나 교우관계보다 야구가 우선인 인생을 강요한다. 그 과정에서 아내와 아들에게 폭력을 휘두르기도 한다.

본인이 이루지 못했던 꿈을 아들이나 딸이 대신 이루어주기를 바라는 부모들이 있다. 이런 부모는 자신의 자아실현을 위해 자식을 이용하는 것에 지나지 않는다. 이들은 프로이트가 논문 〈나르시시즘 서론〉에서 이야기하듯 '아이는 부모가 이루지 못한 꿈을 실현해야 하며 아버지 대신 위인이나 영웅이 되고, 어머니의 충족되지 못한 꿈을 뒤늦게 보상하기 위해서 왕자님을 남편으로 맞아야 한다'고 생각한다. 즉 '애처롭지만 근본적으로 어린아이 같으며, 부활한 나르시시즘에 불과하다.'[1] 더군다나 그 자각이 없는 경우가 대부분이다. 이런 부모는 오히려 모두 아이를 위해서라고 믿는다.

이런 부모에게 휘둘린 아이도 점점 예비 이네이블러로서 자질을 갖추게 된다. 한마디로 말하면 부모의 소망이나 기대를 채우려는 노력파인 '착한 아이'다. 게다가 부모에게 사랑받고 싶다는 욕구가 남보다 강하다.

이런 아이의 성향을 부모도 간파한 것인지, 아이를 마음대로 휘두르는 부모일수록 때때로 '내가 말하는 대로 하면 사랑해주지만 그렇지 않으면 사랑해주지 않을 거야'라는 메시지를 보낸다. 즉 조건부 애정밖에 주지 않는 것이다.

그렇게 되면 아이는 '열심히 하지 않으면 사랑받지 못해. 부모님의 사랑을 잃을 수도 있어' 같은 상실에 대한 불안에 시달리며 더욱 열심히 부모의 요구에 부응하려 한다. 방금 소개한 아들도 지금은 아버지의 기대에 부응하기 위해 필사적으로 노력하고 있다.

물론 부모의 조건부 사랑에 아이가 열심히 해서 그 나름대로 성공한 사례도 있을 것이다. 하지만 부모의 조건부 사랑에 휘둘린 나머지 거식증에 걸리거나 등교 거부에 이르는 사례를 수없이 진찰해온 나로서는 이런 부모가 자식을 본인 뜻대로 지배하고 휘두르는 것에 대한 위험성을 경고할 수밖에 없다.

재력으로
지배하려는 사람

──── 주위 사람을 휘두르는 수단으로 자주 이용되는 것
이 돈에 의한 지배다. 한 부인과 아들은 '남부러울 것 없이
생활하는 것은 내 덕분'이라며 거들먹거리는 30대 남편을
무서워하고 있다. 이 남편은 집안일은 하나도 하지 않고 육
아에도 전혀 관여하지 않는다. 게다가 매사 본인을 최우선
으로 두지 않으면 바로 언짢아하며 '누가 먹여 살린다고 생
각하는 거야' 하고 고함친다.

나는 진료실을 찾은 부인에게 이 이야기를 들었을 때 요
즘 세상에 이런 시대착오적인 남편이 있나 하고 귀를 의심
했지만 아무래도 사실인 듯했다. '나는 규슈 남자야'(일본에
서 규슈 남자는 용감하고 생활력이 강하고 호쾌하지만 자기중심적
이고 융통성 없으며 남존여비 사상이 강하다는 이미지가 있다-옮
긴이)라는 말을 입에 달고 살고, 네 살인 아들에게는 학대
로 보일 만큼 엄격하게 예의범절을 가르치며, 사사건건 '그
러고도 남자냐!'라고 화를 낸다. 예의범절에 대해 엄격하고
집안에서 거만하게 행동하는 아버지 밑에서 자랐다고 하는
남편은 본인의 아버지와 같은 패턴으로 가족을 지배하려고

하는 '반복 강박'에 빠져 있었다.

아내가 경제력이 있으면 이 정도로 남편에게 휘둘리지 않겠지만, 그녀는 가정주부이기 때문에 견딜 수밖에 없다. 경제적으로 남편에게 의존하지 않으려고 아르바이트라도 할까 해서 남편과 의논했지만 그는 강력히 반대하며 '내 월급으로는 못 살겠다는 거야 뭐야. 살림을 제대로 못하는 거 아냐? 당신이 일해봤자 쥐꼬리만큼도 못 버니까 관둬'라며 면박만 줬다고 한다.

이처럼 재력으로 남을 지배하며 휘두르는 사람은 많은 경우 상대의 경제적 자립을 방해한다. 상대가 경제적으로 자립하면 본인이 생색내는 일도, 본인 생각대로 상대를 지배하는 일도 할 수 없기 때문이다.

돈에 의한 지배는 부부 사이에서만 이루어지는 것이 아니다. 부모자식 사이에서 발생할 때도 많다. 30대 회사원인 한 남성은 장인장모가 교외인 처갓집 근처에 집을 마련해 줬는데, 이 점이 약점으로 잡혀 처가에 휘둘리는 것은 아닐까 걱정하고 있다.

이 남성은 도시에서 일하기 때문에 교외에 집을 얻는 상황이 그다지 달갑지 않았지만 아내의 기분을 생각해서 이사에 동의했다. 그런데 장인장모가 사전에 말도 없이 집으로 자주 찾아오는 탓에 남편의 스트레스가 폭발했고 부부 싸움이 시작됐다. 최근에는 장모가 가구 배치를 마음대로 바꾸기까지 해 남편은 이혼까지 고려하고 있다고 한다.

이 장인장모는 집을 마련해줬으니 딸 부부의 생활에 함부로 참견해도 된다고 생각하는 모양이다. 또한 자신들의 행복과 딸 부부의 행복을 혼동하여 자신들에게 좋은 것이 딸 부부에게도 좋은 것이라고 믿고 있다. 말도 안 되는 착각이다. 이것이 딸 부부가 이혼을 생각하는 도화선이 되고 있으니 말이다.

이런 경우는 꽤 많다. 30대 전업주부인 한 여성도 시부모가 집을 지어준 후부터 구역질이 시작되어 외래 진료를 받았다. 부유한 시부모가 땅을 사서 집을 지어줬는데 문제는 가구와 조명, 커튼 전부를 시어머니가 결정했다는 점이다. 아들 부부의 의견은 묻지도 않은 채 말이다.

이 여성은 남편에게 '이 집에서 사는 건 우리인데 시어머니가 전부 결정하는 건 좀…'이라고 말했지만, 남편은 '집 지어줬으니까 그 정도는 어머니가 결정하게 내버려둬'라며 아내의 말을 무시했다고 한다.

시어머니는 100퍼센트 자기 뜻대로 하지 않으면 직성이 풀리지 않는 성격으로, 손자 교육 문제까지 'ㅇ살까지 ㅇㅇ을 가르쳐서 ○○학교에 보내고…' 하는 식으로 치밀하게 계획해두었다고 한다. 그 계획을 토대로 자주 잔소리하며 '나는 아들 셋을 모두 국립대에 보냈다'고 본인의 성공 경험을 이야기하는 통에 며느리가 할 말이 없게 만든다.

이 시어머니는 고학력자인 본인 아들을 자랑스럽게 여겨서인지 학력 지상주의에 빠져 '좋은 학교에 가지 못하면 평생 불행하게 사는 거야', '좋은 학교에 가기 위해서는 조기교육이 중요해'라는 말을 입에 달고 산다고 한다. 이런 가치관으로 손주 교육에 끼어들어, 부탁하지도 않았는데 아들 부부 집에 찾아와 아이에게 영어회화를 가르치거나 그림책을 읽어주는 탓에 며느리는 질색하고 있다. 시어머니는 본인의 가치관이 절대적으로 '옳다'고 생각하는지 본인의 행동이 며느리를 질리게 하고 있다고는 꿈에도 생각하지 않는 모양이다.

며느리는 시부모가 지어준 집이기 때문에 시어머니에게 '오지 마세요'라고 할 수도 없어서 그냥 받아들이고 있다. 하지만 스스로도 구역질의 원인이 매일 집으로 찾아오는 시어머니라는 점을 잘 알고 있어서 이 상황을 어떻게든 해결하고 싶지만 그러지 못하고 있다. 이런 이야기를 들으면 돈에 의한 지배의 무서움에 몸서리쳐지는 동시에 '공짜보다 비싼 것은 없다'라는 말은 진짜이구나 싶다.

자기 보신을 위해
책임을 전가하는 사람

—— 상황을 역전시켜 본인은 고민하거나 괴로워하지 않는 상황을 만드는 것도, 주위 사람을 아무렇지 않게 휘두르는 사람이 흔히 사용하는 수법이다. 본인의 고뇌나 갈등과 마주하기 싫어하고 또 견디지 못하기 때문에 그것을 타인에게 전가시켜 비판하고 공격한다. 전가된 쪽은 궁지에 몰려 정신이 없다. '왜 내가 이런 말을 들어야 해'라고 화를 내고 싶지만 주위 사람을 휘두르는 사람이 교묘하게 심은 죄악감 때문에 아무 말도 하지 못한다.

총무부장인 한 50대 남성은 마음대로 회의를 열거나 회의 종료 시간은 무시한 채 본인 기분 내키는 대로 이야기를 계속한다. 또 본인의 성가신 제안에 부하 직원이 반대 의견을 내거나 조금이라도 비판하면 갑자기 심기가 불편해져 부하 직원을 감정적으로 공격한다. 그 때문에 부하 직원들은 이 부장의 의견에 찬성할 수밖에 없고, 회의는 그의 제안이나 의견을 동의할 수밖에 없는 자리가 된다.

찬성하면 찬성한 대로 난처한 일이 벌어진다. 부장의 제안대로 일을 진행했다가 차질이 생기면 부장은 상사에게

"○○씨가 회의에서 강력하게 밀어붙였습니다. 부하의 전략 실패입니다. 저는 '괜찮을까?'라는 의문을 가졌습니다만…" 같은 변명으로 부하 직원에게 책임을 전가하기 때문이다.

책임이 전가된 부하 직원 입장에서는 '부장님이 제안하지 않으셨습니까. 저는 찬성할 수밖에 없었는데 저한테 책임을 물으시면 곤란합니다'라고 되받아치고 싶지만, 회의 시간에 속으로는 반대했어도 겉으로는 일단 찬성한다고 한 사실은 변함없기 때문에 할 말이 없다. 반대로 말하면 부장은 부하 직원과 공동 책임으로 만들기 위해 전원이 찬성하도록 한 것이라 볼 수 있다. 그 때문에 비판이나 반대 의견에 과잉 반응하며 감정적으로 공격하는 것이다. 상당한 모사꾼이다.

이런 책임 전가는 물론 자기 보신을 위해서다. 현재의 지위나 수입을 잃고 싶지 않기 때문에 부하에게 태연하게 책임을 전가한다.

그런데 같은 방식으로 부하 직원이 상사에게 이 같은 행동을 하는 경우도 있다. 한 회사원은 본인이 실패할 때마다 '그런 일 처리 방식은 배운 적 없는데요'라며 적반하장인 여성 신입 사원 때문에 골치가 아프다. 이 신입 사원은 하나하나 일일이 가르쳐주지 않으면 일을 못한다. 또 매사 수동적이어서 지시하기 전에는 스스로 움직이지 않는다. 스스로 고민해서 일을 하려는 마음은 털끝만큼도 없고, 보고나 연락 혹은 고객 상담도 못하기 때문에 주위 모두가 민폐라고 느끼지만, 정적 본인은 자각하지 못하는 것 같다. 그뿐이 아니다. 조금 심하게 주의를 주면 '그거 직장 내 괴롭힘이지 않나요' 하고 울먹이는 통에 이 상사는 아무 말도 하지 못한다고 한다.

분명 권력관계에 기반한 직장 내 괴롭힘은 잘못된 행위이다. 그러나 기업에서 정신 건강 상담을 받을 때마다 직장 내 괴롭힘을 들먹여서 본인의 능력이나 노력이 부족한 탓이 아니라고 자기 정당화를 하는 직원도 적지 않을 것이라 생각한다.

또 다른 회사에서 있었던 일이다. 한 20대 남성 직원의 미흡한 일 처리 탓에 거래처에서 클레임이 들어왔다. 과장이 이에 대해 질책하자 해당 직원은 '진상 거래처에 나를 보낸 과장님이 나쁜 거죠!', '직장 내 괴롭힘 아닌가요!'라며 적반하장으로 나와 큰 소동이 났다.

이 남성 직원은 이처럼 과장된 행동으로 상황을 모면하려는 경향 때문에 인사부에서도 문제가 됐지만 아무도 단단히 주의를 줄 수 없었다고 한다. 그가 정신과에서 '우울증

증세를 보임'이라는 진단을 받고 '주위 배려 요망'이라는 진단서를 제출했기 때문이다.

이 진단서를 등에 업고 해당 직원은 힘든 일이나 야근은 절대 하지 않았다고 한다. 심지어 일이 가장 바쁜 시기에 우울증을 이유로 일주일의 절반을 쉴 때도 있었다. 그러면서 그 기간에 해외여행을 떠나고 페이스북에 여행 사진을 올리기도 했다.

회사에서는 이 직원에게 집 근처 개업의가 끊어준 진단서가 아닌 국공립 병원에서 2차 소견을 받아 오라고 간접적으로 이야기했다. 그는 새로운 진단서를 제출하지는 않았지만 이후 근무 태도가 어느 정도 개선됐으며 직장 내 괴롭힘이라고 소란 피우는 일도 없어졌다고 한다.

꾀병이라고 단정 지을 순 없지만 개중에는 병을 이용한다는 인상을 주는 사례도 있다. 우울증이나 자율 신경 이상과 같은 정신질환은 신체질환과 비교해서 객관적인 검사 데이터가 적다. 환자가 호소하는 증상이나 주장하는 병력을 근거로 진단하므로 정신과 의사의 진단 능력을 전적으로 믿을 수밖에 없기 때문이다.

이런 점 때문에 병원에 와서 질환이 있는 행세를 해 약이나 진단서를 받는 환자가 있다는 점은 부정할 수 없는 사실이다. 그래서 이 남성 직원도 그중 한 명이 아닐까 의심스럽지만 그렇다고 그 점을 당사자에게 말할 수는 없다. 직장 내 괴롭힘이나 의료 종사자의 환자 괴롭힘이라고 소란을 피울 수도 있어서 골치 아프기 때문이다.

자기 정당화를 위한
부인과 투영의 메커니즘

—— 방금 전 소개한 부장이나 부하 직원은 본인 안의 '악惡'을 부인하고, 그 '악'을 타인에게 투영해서 공격하는 전형적인 인물들이다. 그렇게 하면 본인에게는 보기 흉한 '악'이 없다는 듯 행동할 수 있기 때문이다.

주위 사람을 아무렇지 않게 휘두르는 사람에게서는 이 부인과 투영을 자주 볼 수 있다. 동일한 메커니즘으로 전 세계를 휘두른 사람이 바로 히틀러다.

유대인을 '악'으로 간주하고 박해해야 한다고 판단한 히틀러의 망상적 확신은 그 자신의 모호한 출신에서 유래했을 가능성이 높다. 히틀러는 할아버지 대代가 출신이 불명확하여 그의 출신의 진실 역시 오리무중이다. 이런 불확실함을 히틀러 본인도 알고 있어서 부정할 수 없는 의심에 시달린 것이 아닐까.

독일의 저널리스트 하랄트 슈테판Harald Steffahn은 '밝혀지지 않은 과거 때문에 타인의 인종적 순수성을, 그것을 증명하기 어려울수록 엄중히 촉구하려는 심리적인 충동이 생겨난다'고 했다.[2]

이 충동이 모든 독일인에게 '아리아인 증명서'를 요구하는 사태를 초래했으나, 이는 사실 반反유대주의를 표방하는 나치 지도자에게 유대인의 피가 흐르고 있는 것이 아닌가 하는 추궁에서 본인을 지키기 위한 무의식의 심리적 방어였다고 생각된다. 즉 유대인의 피라는 '악'이 히틀러 본인에게는 없다고 완강히 부인하고 싶어서 이를 유대인에게 투영하고 그들을 철저히 공격한 것이다.

이 같은 심리적 방어는 자주 사용된다. 동일한 메커니즘이 배우자나 연인의 외도를 의심해서 격하게 추궁하는 경우에도 작용한다.

아내와 함께 정신과를 찾은 한 40대 남성은 '아내가 다른 남자와 문자 하는 것을 알고 난 뒤로 불안해요'라고 호소했다. 이 남편은 불안을 견디지 못하고 아내의 귀가가 조금만 늦어지면 '바람피우는 거 아냐?'라며 아내를 추궁했다. 그 때문에 아내는 전화번호를 바꾸고 집에 있을 때는 항상 남편 곁에 있으며 외출도 자제했다. 이런 아내의 배려에도 불구하고 남편은 계속 아내를 의심했고, 더 이상 견딜 수 없었던 아내가 남편에게 병원에 가보기를 권한 것이다.

그렇지만 남편은 '나는 병이 아니에요'라고 강력히 주장했다. 불안할 때 먹으라며 가벼운 신경 안정제를 처방했지만 거의 복용하지 않은 듯했고, 그 후로 내원하지 않았다.

이 부부에게는 뒷이야기가 있다. 이 남편이 어린 여성과 사이좋게 팔짱을 끼고 걷는 모습을 우리 병원 직원이 목격한 것이다.

아내의 외도를 의심하며 집요하게 추궁해서 '질투가 심한' 남편을 연기하면 적어도 두 가지 효과를 볼 수 있다. 이렇게 자신의 바람기라는 악을 아내에게 투영해서 아내의 바람기를 공격하면, 먼저 아내 역시 본인과 마찬가지로 선량하지는 않다고 생각할 수 있으니 양심의 가책에서 해방된다. 또 아내에게 바람이라는 의심거리를 찾아내어 추궁하면 본인에게는 마치 그런 불미스러운 욕망은 없다는 듯 행동할 수 있다.

어느 쪽이든 자기 정당화이다. 주위 사람을 아무렇지 않게 휘두르는 사람은 무의식중에 부인과 투영의 메커니즘을 이용해서 '나는 나쁘지 않아. 결백해'라고 주장하지 않고는 못 배기는 것이다.

자식의 자립을 방해하는
부모의 이중구속

—— 모순되는 메시지로 상대를 혼란시켜 옴짝달싹할 수 없게 만드는 것도 주위 사람을 아무렇지 않게 휘두르는 사람이 자주 이용하는 수법이다. 이를 정신의학에서는 '더블 바인드double bind'(이중구속)라고 한다.

더블 바인드는 영국의 인류학자인 그레고리 베이트슨 Gregory Bateson이 정신분열증 환자 가족의 커뮤니케이션 병리를 이론화한 것으로, 조현병의 발병 요인으로 중요시되었다. 다만 최근 연구에서 더블 바인드는 조현병 환자 가족에게만 나타나는 특별한 현상이 아니라 우울증이나 인격장애 환자 가족에게도 나타난다고 밝혀졌다.[3]

더블 바인드는 말로는 '열심히 해' 하고 격려하면서 상대가 실제로 열심히 해서 활약하면 언짢아하는 것이다. 즉 언어적 메시지와 비언어적 메시지가 180도 다르다.

예를 들어, 엄마가 아들에게 '뽀뽀 안 해줘?'라고 말하면서 막상 아들이 뽀뽀하려고 가까이 다가가면 엄마는 얼굴을 돌리며 피하는 것이 그것이다. 언어로는 아들에게 '사랑한다'는 메시지를 전하면서 비언어로는 아들의 사랑을 거절해 응석을 벌주는 듯한 행동을 한다.

이처럼 서로 모순된 메시지를 보내면 아들은 엄마에게 애교를 부려도 되는 것인지 아닌지, 가까이 다가가도 되는 것인지 아닌지 혼란스럽고 망설이게 된다. 언어적 메시지와 비언어적 메시지 중 어느 쪽을 믿어야 할지 모른 채 갈팡질팡하는 것이다.

이런 서로 모순되는 메시지는 가족 안에서 이루어지는 경우가 많다. 지인인 한 여성은 50대 남편이 아이에게 말로는 '힘내'라고 하면서 아이가 좋은 성적을 받거나 동아리 활동으로 상을 받아도 결코 칭찬하지 않고 오히려 언짢아해서 난감해하고 있다. 시댁이 그렇게 부유하지 않아서 남편은 우수한 성적에도 대학 진학을 포기해야 했던 것 같은데, 그 때문인지 학벌 콤플렉스가 상당히 강하다고 한다. 이 남편은 전문대 출신인 아내에게도 학벌에 대한 열등감을 갖고 있을지 모른다.

아내 눈에는 남편이 아이를 질투하는 것으로 보인다. 그녀는 아내로서 남편을 안타깝게 여기면서도 이대로라면 아이에게 악영향을 줄 수 있다는 불안감에 사로잡혀 이혼하는 편이 좋지 않을까 고민하고 있다.

그런가 하면 자식의 결혼 문제를 두고 더블 바인드 메시지를 지속적으로 보내는 부모도 적지 않다. 또 다른 지인인 60대 여성은 40대 아들과 단둘이 살고 있는데 '아들이 좀처럼 결혼 생각이 없어…'라며 자주 푸념했다. 아들에게도 '빨리 결혼해서 분가해야지. 그래야 엄마도 자유롭지 않겠니'라고 말하는 모양이다.

이 아들은 고학력자에 공무원일 뿐만 아니라 자상하기까지 해서 지금까지 결혼하지 않은 이유가 궁금했는데, 최근에서야 그 의문이 풀렸다. 아들이 사귀는 여성을 집에 데려올 때마다 어머니가 마음에 안 들어 하며 본인이 트집 잡은 여러 단점을 아들에게 이야기한다는 것이다. 이 어머니는 아들에게 맞선도 보게 했는데, 아들이 상대를 마음에 들어 해도 본인 성에 안 찬다며 거절한 경우가 몇 번이나 있었다고 한다.

이 어머니는 아들에게 '빨리 결혼해'라는 메시지를 보내면서 동시에 '결혼하지 마. 나를 버리지 마. 나를 혼자 두지 마'라는 메시지도 지속적으로 보낸다. 자상한 아들은 어머니의 암묵적 메시지를 무시할 수 없었고, 마흔을 넘긴 지금도 미혼 상태로 어머니의 더블 바인드에 휘둘리고 있다.

영국의 작가 서머싯 몸의 단편소설 〈루이스〉에는 딸을 더블 바인드로 묶어두려는 어머니의 모습이 자세하게 묘사되어 있다. 여기 말로는 딸의 결혼을 바란다고 하면서 딸이 애인이 생길 때마다 헤어지게 하려는 어머니(루이스)가 있다. 한 청년이 딸에게 청혼을 하고 딸도 흔쾌히 받아들이지만 결혼은 무기한 연기된다. 딸이 '병약한 어머니를 혼자 두고 집을 떠날 자신이 없다'는 것이 그 이유였다.

이때 이 청년의 친구가 어머니 루이스를 만나 '당신은 당신처럼 당신 딸의 인생까지 망치려 하고 있다'고 직언한다. 이 말이 먹혔던 걸까, 딸은 결혼식을 올리게 된다. 그러나 결혼식 날 아침, 루이스는 심장발작을 일으켜 죽는다.

실로 무서운 이야기지만 몇 가지 중요한 점을 시사하고 있다. 먼저 딸의 행복과 어머니의 행복이 완전히 일치하는 경우란 실제로 있을 수 없다는 것이다. 이 모녀처럼 딸은 결혼해서 행복해지려면 병약한 어머니를 버려야 하기 때문이다.

어머니 입장에서는 딸에게 버림받고 싶지 않기 때문에 '너를 가장 잘 아는 사람은 엄마란다', '너는 혼자서 아무것도 할 수 없어'라고 말하며 딸이 본인을 계속 의존하게 만든다. 딸이 어머니에게 의존하던 상태에서 벗어나 자립하려고 하면 '너는 엄마를 버리는구나' 하고 울면서 호소해 딸에게 죄책감을 주기도 한다.

이것이 한편으로는 '빨리 결혼하렴' 하고 딸에게 말하면서도 동시에 '딸의 자립=결혼'을 방해하는 어머니의 본질이다. 심리학자 오구라 지카코는 '요즘 일본 엄마들의 가장 큰 문제점은 딸에게 의존하지 않으면 살 수 없다는 것이다. 그 때문에 딸의 자립을 두려워하는 감정이 강하다. 이것이 딸들이 늦게 결혼하는 가장 큰 원인이라고 할 수 있다'고 정곡을 찌른 바 있다.[4]

이처럼 현재 일본에서는 어머니의 족쇄에 얽매인 자식들이 많은데 그 핵심에는 더블 바인드가 있다. 이런 더블 바인드 상황에서 빠져나오기 위해서는 '어머니의 행복과 나의 행복은 일치하지 않는다'고 말해야 한다. 이것을 말하기 힘든 자식들이 증가하고 있기 때문에 비혼화가 진행되는 것은 아닐까.

직장생활을
괴롭게 만드는 이중구속

—— 더블 바인드는 직장에서도 일어난다. 회의 중에
'자유롭게 이야기해봐. 자유분방한 논의가 회사의 발전에도
도움이 되니까'라는 상사의 말을 그대로 받아들인 젊은 직
원이 업무 분담에 대한 불만과 프로젝트 진행의 어려움 등
을 솔직하게 말했다. 그러자 상사의 기분이 안 좋아져 이후
회의 내내 분위기가 무거웠다고 한다.

또 송년회에서 '오늘은 맘껏 즐기자고. 빼지 말고 하고 싶
은 이야기들 해'라는 상사의 말에 신입 사원이 술김에 상사
에게 불만을 토로하자 상사의 표정은 굳어지고 주변에서
황급히 분위기를 수습했다는 이야기도 들은 적이 있다.

정도의 차는 있지만 흔한 이야기들이다. 우리는 언어적
메시지와 비언어적 메시지를 동시에 보내기 때문에 서로
모순될 때가 있다. 그리고 모순되는 메시지를 보내면서 대
부분 그 모순을 깨닫지 못한다.

한편 적의나 반감을 품고 있는 상사나 거래처 사람과는
세상 돌아가는 이야기를 하면서도 표정이 굳어지거나 눈을
맞추지 못하는 경우가 있다. 이는 비언어적 메시지가 무의

식중에 드러나는 경우라고 보아야 한다.

특히 일본인은 속마음과 겉마음(겉치레)을 나눠서 행동하는 것을 당연하게 여겨 상대의 비언어적 메시지를 읽어낼 것을 암묵적으로 요구받는다. 속마음을 잘 읽어내지 못하면 '분위기 못 읽네'라며 놀림 받기도 한다. 그 때문에 일본인은 매일 비언어적 메시지를 읽어내야만 한다는 압박을 받는다.

우리가 휘둘리기 쉬운 이유는 서로 모순되는 두 개의 메시지를 보내는 발신자가 권력이나 영향력을 가진 경우가 많기 때문이다. 직장 상사가 그 전형적인 인물이다. 부하 직원은 상사가 도대체 무엇을 바라는지 항상 신경 쓰는데, 때로 그 진의를 헤아리지 못하면 일을 할 수 없다. 그 탓에 성실한 부하 직원일수록 상사에게 모순된 메시지를 받으면 혼란스럽다. 때로는 '얼음' 하고 얼어버려 아무 일도 할 수 없게 된다.

한 회사의 30대 남성 영업 사원은 직속 상사인 40대 남성 과장에게 '열심히 해주게나. 자네에게 기대하고 있어'라는 격려를 듣고 일을 열심히 한 결과 영업 실적이 사내 최상위를 달리게 되었다. 이 영업 사원은 과장도 기뻐할 것이라 생각했지만 예상외로 과장은 기분이 영 좋지 않았고 그래서 눈도 마주칠 수 없었다고 한다.

또 다른 회사의 20대 여성 영업 사원 역시 30대 여성 주임이 '힘내' 하고 격려해주었지만 정작 자신이 영업 실적이 올라 상을 받게 되자 그녀가 자신을 노골적으로 피했다고 한다. 결국 두 사원 모두 눈에 띄게 영업 실적을 올렸지만, 주위 반응이 좋지 않은 탓에 '적당한 편이 나을지도'라고 생각하기 시작했다고 한다.

이들의 상사는 '힘내'라는 언어적 메시지를 보내면서 그것과 대조적인 태도를 보이는데, 그 속에는 질투가 숨어 있다고 볼 수 있다. 버블경제 붕괴 후 장기화되는 경제 침체 속에서 연공서열이 무너져 후배나 부하 직원에게 본인의 직위를 빼앗기는 것 아닐까 걱정하는 것이다. 그렇기 때문에 후배나 부하 직원에게 격려나 축복의 말을 해주지만 그들의 활약에 질투를 억누르지 못하고 모순되는 비언어적 메시지를 보내게 되는 것이다.

이런 사람들은 질투 그리고 그에 따른 적의나 반감 등의 부정적인 감정을 언어적 메시지로 드러내는 일을 스스로 억압하려고 한다. 그리고 억압하면 할수록 '억압된 것은 회귀한다'라는 프로이트의 말처럼 부정적인 감정이 비언어적 메시지로 나타난다.[5] 부정적인 감정을 완전히 내비칠 때도 있다. 그렇게 되면 타인을 혼란스럽게 하고 휘두르게 되지만, 정작 그 당사자는 거의 자각하지 못한다.

상대 영역을 아무렇지 않게
침범하는 사람

──── 타인의 영역을 존중하지 않고 독선적으로 멋대로 침범하는 것도 주위 사람을 아무렇지 않게 휘두르는 사람에게 자주 나타나는 특징이다. 게다가 본인은 친절을 베풀 생각으로 한 행동이기 때문에 죄책감은 조금도 갖고 있지 않다. 가장 문제가 일어나기 쉬운 곳은 역시 가정이다.

예전에 내가 근무했던 대학의 한 여학생은 다음과 같이 말한 적 있다. "우리 엄마는 제 방에 함부로 들어와서 맘대로 정리해요. 책장에 있는 책의 순서를 바꾼다든지 책상 위에 있던 자료를 다른 곳에 둔다든지. 그래서 필요한 책이나 자료가 어디에 있는지 알 수가 없어서 계속 찾아다녀야 해요. '그냥 좀 놔둬'라고 말했더니, '네 방이 더러우니까 정리해주는 거 아냐. 그게 싫으면 네가 제대로 정리하든지'라고 오히려 화를 내는 거예요. 그 후로도 제가 없으면 멋대로 들어와 정리해요. 학교에서 받은 프린트를 쓰레기랑 같이 버릴 때도 있어서 난감하다니까요."

이 어머니는 딸의 항의에도 아랑곳하지 않고 어디까지나 딸을 위해 그녀의 방을 치우는 것처럼 보이지만 정작 딸에게는 상당히 민폐인 행동이다.

비슷한 이야기를 혼자 살고 있는 30대 여성 회사원에게 들은 적이 있다. "지난주에 오랜만에 휴가를 쓰고 집에서 편하게 쉬려고 했어요. 늦잠을 자고 아침에 몸을 욕조에 담그고 나왔더니 엄마가 있는 거예요. 깜짝 놀랐어요. 엄마가 쓸데없이 참견을 잘하는 사람이라 제 아파트 열쇠를 주지 않았는데, 지난번에 본가에 갔을 때 제 가방에서 열쇠를 몰래 꺼내서 복사한 것 같아요. 몰랐던 것뿐이지 이제까지 제가 출근해 있는 동안 엄마가 복사한 열쇠로 문을 열고 집에 들어왔나 봐요. 제가 '엄마, 왜 여기 있는 거야!'라며 화를 좀 냈더니 '너야말로 평일에 회사 안 가고 왜 집에서 있는 거야' 하면서 오히려 혼냈다니까요."

이 어머니도 딸이 사는 아파트에 함부로 들어가는 데 양심의 가책을 느끼지도 않고 죄책감도 갖고 있지 않다. 오히려 혼자 사는 딸의 안전을 지키기 위해 가끔씩 몰래 찾아가 감시하는 것을 당연하게 여기는지도 모르겠다.

여기서 소개한 두 어머니 모두 지배 욕구와 모자 일체감 一體感이 강하다. 그래서 딸을 독립된 하나의 인격체로 존중하지 않고 그 영역을 아무렇지 않게 침범한다. 이에 대해 딸이 항의해도 아무 소용없는 이유는 아무리 혈연일지라도 어머니가 개입하지 않았으면 하는 영역이 있다는 점을 이들 어머니가 깨닫지 못하기 때문이다. 그리고 본인이 하는 행동은 어디까지나 옳다고 믿고 있기 때문이다.

상대의 영역을 침범하는 경우는 부모자식 사이에서만 발생하는 것이 아니다. 부부 사이에서도 일어난다. 정신과를 찾은 한 60대 전업주부는 주말만 다가오면 불안해져서 밤에 잠도 못 잔다며, 자신의 생활공간을 남편이 침해하고 있다고 했다.

그녀는 아이들이 모두 독립해서 남편과 단둘이 살고 있었다. 남편은 몇 년 전부터 일 때문에 지방에 홀로 부임해 주말에만 집에 돌아온다. 그리고 그다음 주가 되면 다시 근무지로 되돌아가는 생활을 하고 있었다.

평소에는 남편과 떨어져 혼자 지내기 때문에 남편이 돌아오면 안심되지 않을까 생각했더니 그렇지도 않은 모양이다. 그녀는 금요일 밤이 가까워지면 심장이 두근거리고 수면제를 먹지 않으면 잠도 오지 않는다고 한다. 그녀는 '남편이 집에 돌아오는 상상만으로도 너무 불안해서 견딜 수가 없어요'라고 했다.

그도 그럴 것이 남편은 결벽증이 있어서 집에 돌아오자마자 '신발 정리 순서가 틀렸어'라고 화를 내며 신발장의 신발을 전부 꺼내 다시 정리한다고 한다. 게다가 그녀가 매일 청소를 하는데도 남편은 다시 청소기를 돌리고 본인 마음대로 물건 위치까지 바꾼다. 이런 남편의 행동은 아내의 청소나 정리 방식이 잘못됐다고 넌지시 암시하는 것이다.

그녀는 아이를 키울 때는 남편의 이런 행동이 보이지 않았다고 한다. 경제력이 없었기 때문에 무슨 일이 생겨도 감정을 억누르고 참아온 것이다. 그러나 단둘이 살기 시작하면서 남편이 주말에 집으로 돌아올 때마다 집안일을 일일이 지적하니 마음 편할 틈이 없다. 강박이라고 할 만큼 작은 것에 집착하는 남편의 트집 잡기에 그녀는 완전히 두 손 두 발 다 들었다고 한다.

전업주부인 아내에게 가정이란 직장이다. 자기 나름대로 열심히 청소하고 정리를 하고 있음에도 남편이 주말에 집으로 돌아와 작은 것 하나까지 지적하니 그동안의 노력을 부정당하고 자신의 생활공간을 침해당한다고 느끼는 것은 당연하다.

현재 이 부인은 무엇보다도 남편이 정년퇴직하면 어떻게 해야 할지 걱정하고 있다. 사실 그녀의 친구 중 한 명은 남편이 정년퇴직해서 계속 집에 있게 되자 심신이 지쳐 병원에 다닌다고 한다. 친구의 남편은 전前 은행원으로 딱히 취미도 없고 외출도 싫어해서 하루 종일 집에만 있는데, 시간이 넘쳐나서인지 은행원 특유의 꼼꼼함으로 설거지, 빨래, 청소, 장보기 등에 여러 세세한 규칙을 만들어서 아내에게 그대로 따르게 하는 탓이다.

은행에서 한 마디 말로 부하 직원을 본인 마음대로 움직였던 남편이 정년퇴직 후 아내를 부하 직원 취급하고 있는 것이다. 그러면서 남편은 집안일은 손 하나 까딱하지 않는다. 최근에는 이웃 사람이 쓰레기 내놓는 것까지 일일이 참견해 이웃과의 관계도 나빠졌다고 한다. 이 아내는 솔직히 말하면 남편을 지긋지긋해한다고 했다.

이는 전형적인 '남편 재택 스트레스 증후군'이다. 정년퇴직 후 하루 종일 집에 있게 되면 남편은 본인도 모르는 사이 아내에게 스트레스를 주는데, 이로 인해 아내는 심신에 부담을 느껴 정신과를 찾는 경우가 많다.

이런 경우 될 수 있으면 부부가 함께 있는 시간을 줄여야 하지만 갈 곳이 없는 남편은 거의 외출하지 않는다. 아내가 취미나 운동을 위해 외출하려고 하면 남편은 기분이 나빠져서 '내 점심밥은 누가 차려줘. 당신은 밖에서 호화롭게 점심 먹고 나는 집에서 밥에 물이나 말아 먹어?'라며 꼬투리를 잡는다. 심지어 '몇 시에 들어와?'라고 묻고 그 시간을 조금만 넘겨도 전화해서 '어떻게 된 거야! 내 저녁밥은 어떻게 할 생각이야!'라고 화를 내기 때문에 아내는 마음 놓고 쇼핑도 못 한다.

타인의 영역을 아무렇지도 않게 침범하는 사람은 허락 없이 남의 방에 들어가거나 옷장이나 책상 서랍을 마음대로 여는 등 생활공간을 침해하는 것에 그치지 않는다. 좋아하는 것, 혹은 가치관이나 삶의 방식, 대인관계, 더 나아가 인생에 있어서 중요한 선택이나 결단 같은 정신적인 영역까지 침범한다.

의류업계에서 일하는 한 20대 남성은 결혼을 전제로 사귀는 여자친구가 이직을 권유한다고 한다. 이 남성은 '이직하지 않으면 결혼 안 해'라는 말까지 들어서 더 곤란해하고 있다. 일하는 업종 자체가 주말 근무를 당연하게 여기고 야근도 많지만 그에 비해 월급이 적기 때문에 여자친구의 마음을 모르는 것은 아니다. 힘든 업계이기는 하지만 그는 다른 일은 생각해본 적이 없어서 여자친구를 어떻게 설득해야 할지 고민하고 있었다.

여자친구가 그에게 이직을 권유하는 이유는 역시 결혼을 전제로 만나고 있기 때문이다. 결혼은 공동생활이므로 경제적 기반이 흔들릴 가능성이 있으면 아무리 좋아해도 결혼하기는 어렵다. 그래서 여자친구를 무조건 탓할 수는 없지만 그가 일하는 회사까지 미래가 없다고 판단하여 계속해서 이직을 권유하는 것은 본인의 생각대로 그를 움직이려고 하는 지배 욕구의 표현이라고 볼 수 있다.

이런 여자친구와 결혼한다면 평생 휘둘릴 것이 불 보듯 뻔하지만, 스타일 좋고 미인인 여자친구에게 홀딱 반한 이 남성은 심각하게 고민 중이다. 어쩌면 그 미모 덕분에 많은 남성에게 대시를 받아온 여자친구는 '남자는 내 말이면 무엇이든 들어줘. 들어주는 것이 당연하지'라고 생각하는지도 모르겠다. 정말 그렇다면 만약 그가 지금 당장 중요한 선택이나 결단을 내려야 할 상황에 놓였을 때 그녀는 이러쿵저러쿵 참견하며 그를 휘두를 것이 분명하다.

상대의 가치를
부정하는 사람

── 어떻게든 상대를 물고 늘어지지 않으면 직성이 풀리지 않아 타인의 가치를 부정하고 휘두르는 사람도 있다. 이런 사람은 상대의 마음속에 의혹, 불신, 죄책감, 수치 등을 싹트게 해서 자신감을 잃게 만든다. 그리고 상대의 그런 감정이 집안일이나 회사 일에 지장을 주면 잘됐다고 회심의 미소를 짓는다.

한 40대 남성 부장이 실적 좋고 실력 있는 인재가 모인 판매촉진부에 전근 왔다. 그런데 이 부장은 전임자의 방식을 모두 부정하지 않으면 직성이 풀리지 않는 성격으로, 이 때문에 많은 부하 직원이 난감해하고 있다고 한다. 이 부장은 중개자로서 의견을 조율하는 능력은 있지만 업무 능력 자체는 높지 않다. 그런데 자존심은 세서 전임자의 방식을 물고 늘어지며 부하 직원을 지적하는 식으로 본인의 위엄을 지키려고 한다.

또한 미디어에서 새로운 판촉 기법이 각광받을 때마다 즉시 도입하고 싶어 해서 부하 직원에게 해당 연수에 참가하도록 명령한다. 그 때문에 '지금까지 했던 방식이 더 효율적이고 실적도 좋았는데 왜 바꾸는 거지'라는 불만이 여기 저기에서 나오기 시작했지만, 이 부장은 전혀 귀 기울이지 않는다. 심지어 그는 '어떤가. 새로운 방식이 더 효과 있지?' 하고 부하 직원에게 동의를 구하기까지 한다는 것이다.

이 부장은 새로운 부서에서 과연 본인이 인정받을 것인가 하는 불안에 사로잡힌 나머지 전임자의 방식을 전부 부정하지 않고는 배길 수 없었던 것이다. 반대로 말하면 인정받고·싶다는 사회적 승인 욕구가 충족되지 않아 자기 부전감不全感(자신은 불완전하고 아무것도 제대로 하지 못한다는 생각−옮긴이)을 안고 있다고 할 수 있다.

이런 자기 부전감은 다음 두 가지 이유에 의해 강해졌다고 볼 수 있다. 먼저 부장이 이 부서에서 '신참'이라는 점이다. 또 실적이 좋고 능력 있는 인재가 모여 있는 부서이므로 부하 직원들이 우수하면 본인의 위치가 위태롭지 않을까라는 불안을 안고 있을 가능성도 있다. 즉, 자신감이 없고 불안감이 강해서 전임자의 방식을 부정하지 않고는 못 배기는 것이지만, 본인은 그런 행동을 하고 있다는 자각이 없다.

전임자의 방식으로 실적이 좋았다면 그대로 유지하는 것이 당연하지만 주위 사람을 아무렇지 않게 휘두르는 사람에게 이런 이치는 통하지 않는다. 무슨 일이 있어도 본인이 더 능력 있다는 우위성을 과시해야 하며, 무엇이 득이고 무엇이 실인지 현실적인 원칙으로는 판단하지 못한다.

동료 사이에서도 타인의 가치를 부정하지 않고는 못 배기는 부류가 있다. 건설부에는 있는 한 40대 남성 회사원은 삼류 시립대 출신으로 '좋은 대학 나와도 소용없네', '좋은 대학 나왔는데 이런 것도 모르는 거야?'라는 말을 입에 달고 산다. 노력은 남보다 배 이상 하므로 실력은 그럭저럭 있지만, 학벌 콤플렉스가 강한 탓에 자기보다 고학력자인 상대에게 매우 엄격하게 군다. 능력이나 실적을 정당하게 평가하지 않고 곱지 않은 말만 하는 것이다. 반대로 자기와 같은 삼류 시립대 출신 직원에 대한 평가는 후해서 주위의 눈총을 받는다.

이 남성은 강한 학벌 콤플렉스 때문에 고학력자에 대한 질투를 입 밖으로 꺼내지 않고는 못 배기는 경우지만, 반대로 고학력자임에도 사회에 나와 기대에 못 미치는 실적을 내는 탓에 타인의 가치를 부정하는 경우도 있다.

나의 후배 하나는, '나보다 학력이 낮은 상사 밑에서는 일하고 싶지 않아'라고 입버릇처럼 말하는 한 30대 고학력자 여성 탓에 애를 먹고 있다. 이 여성은 똑똑하기 때문인지 무엇이든 비판하고 본다. 내 후배가 무슨 말만 꺼냈다 하면

'그러니까 안 되는 거야'라며 바보 취급하는 모양이다.

이런 성격을 가지고 있어서인지 일을 하다가 조금이라도 마음에 안 들면 '나한테 안 맞는 일이잖아' 하고 바로 그만둔다. 지금은 이직을 준비하면서 학원강사 아르바이트를 하며 생계를 이어가고 있는데, 변함없이 자존심만은 세서 친구가 하는 일에도 '대학도 나왔는데 그런 일을 잘도 하네', '그런 일은 보람도 없잖아'라며 무시하며 물고 늘어져서 친구들도 그녀를 만나기 꺼리는 모양이다.

이 여성도 앞서 소개한 부장과 마찬가지로, 사실은 자신이 없고 불안에 휩싸여 있을 가능성이 높다. 또 사회적 승인 욕구가 채워지지 않고 자기 부전감도 강하기 때문에 타인의 가치를 부정하고 있는 것이다.

이런 행동을 하는 이유는 타인의 가치를 부정하면 자신의 가치를 상대적으로 높일 수 있다고 생각하기 때문이다. 타인의 가치 부정이 자신의 가치 상승으로 이어지지 않음에도 그렇게 된다고 굳게 믿고 있다. 경우에 따라서는 이런 생각을 고칠 수 없기 때문에 망상에 빠질 수도 있어서 위험하다.

친구의 가치를 부정하지 않고는 못 배기는 사람은 본인을 과대평가하고 자존심이 세다. 게다가 자기 우위성을 과시하고 싶어 하며 자기 정당화 욕망도 다른 사람보다 배는 강하다. 수레바퀴가 맞물리는 것처럼 친구의 행복이나 성공을 질투하고 그것을 파괴하고 싶다는 욕망이 가슴속에서 싹튼다. 이에 대해 17세기 프랑스의 명문 귀족인 라 로슈푸코는 이렇게 통찰했다. '친한 친구가 역경에 부딪혔을 때, 비로소 우리는 배가 아프지 않다.' 이것은 부정할 수 없는 진실이며 이런 성향이 우리 내면에 숨어 있다는 사실에서 눈을 돌려서는 안 된다.

남을 깎아내리고 그 가치를 부정하는 일에 대해 요즘에는 '디스한다'는 말이 자주 사용된다. 이는 인터넷상에서 흔히 쓰는 말인데 그만큼 상대의 가치를 부정해서 자신의 가치를 상대적으로 높이려는 일이 일상적으로 행해진다고 볼 수 있다.

도움을
받기만 하는 사람

—— 걸핏하면 생색내고 많은 보답을 요구하면서 본인은 타인에게 아무것도 해주지 않는 것도 주위 사람을 아무

렇게나 휘두르는 사람에게 종종 나타나는 특징이다.

어느 회사 홍보과의 한 20대 여성 직원은 툭하면 허풍을 떨며 '내가 아는 신문기자에게 부탁해서 언론에 터트릴 테니까 맡겨줘', '내가 아는 대학교수에게 부탁해서 학생과 소개팅시켜줄 테니까 조금만 기다려'라고 말하지만 성과는 전혀 없다고 한다. 또 시간이 없다며 다른 사람의 일은 전혀 도와주지 않으면서 본인은 조금만 벽에 부딪혀도 '친구랑 토요일에 놀러가기로 약속했는데 주말에 출근을 어떻게 해. 좀 도와줘'라며 애교 섞인 부탁을 한다는 것이다.

그리고 상대가 거절하면 '저 사람은 내가 곤란할 때 도와주지도 않아. 진짜 매정해', '나는 그 사람이 곤란할 때 도와줬는데' 같은 험담을 퍼트린다. 그 탓에 동료는 그녀를 도와줄 수밖에 없지만 한번 도와주면 그것이 당연하다고 생각하는지 반복해서 부탁을 한다.

이런 사람이 동료인 것도 곤란한데, 친구라면 더욱 답이 없다. 내 지인은 한 30대 남성 때문에 난처해하고 있다. 이 남성은 증권사 직원인데, 지인이 고민을 상담해준 데 고마움을 표시하면 은혜를 갚으라고 말할 뿐만 아니라 "이번 달 할당량 좀 채워줘"라고 부탁한다는 것이다. 그 친구가 의지가 되는 것은 분명하지만, 작은 기브give에 큰 테이크take를 기대하는 면이 있다. 그 때문에 요즘에는 주위에서 '그 녀석은 친구가 아니라 그냥 얼굴에 철판 깐 영업 사원이야'라며 미움을 사고 있다는 것이다.

그런데 그 친구는 이런 말을 전혀 신경 쓰지 않는 것 같다. '무슨 일 생기면 언제라도 상담해줄게'를 입버릇처럼 말한다는 것이다. 하지만 주위 사람들은 실제로 고민 상담을 하면 또 할당량 달성을 위해 이용당하는 거 아닌가 걱정하고 있다.

말하자면 상대의 감사 표시를 뻔뻔하게 이용하는 것인데, 이런 사람은 육아친구 중에도 있다. 자신은 부탁만 하고 남의 부탁은 거절하는 육아친구가 그 대표적 예다. 사정이 생길 때마다 아이를 맡기거나 아이의 발표회가 있을 때마다 "보러 오지 않을래?" 하고 부탁하면서, 다른 육아친구가 똑같은 부탁을 하면 '그날은 어머니가 오셔서', '딸아이 발표회가 있어' 등의 갖가지 이유로 교묘하게 거절한다. 상대는 짜증이 나지만 그 일로 화를 내면 당사자는 '저 사람은 화나면 무서워' 같은 소문을 퍼트리기 때문에 다른 육아친구들은 속으로 삭일 수밖에 없다.

이렇게 남에게 이런저런 부탁을 하면서 남의 부탁은 거절하는 이유는 두 가지로 생각할 수 있다. 먼저 특별한 근거도 없으면서 특권 의식을 갖고 있어서 '나에게 이 정도 일은 해주는 것이 당연하다'고 생각할 가능성이 높다. 또 본인이 남에게 해준 것은 과대평가하고 남이 본인에게 해준 것은 과소평가하는 것도 하나의 이유다.

결과적으로 이런 사람은 타인이 베풀어준 것은 별로 고마워하지 않으며 주위 사람을 아무렇지 않게 휘둘러도 죄책감을 거의 느끼지 않는다. 그 때문에 휘둘리는 사람이 불편함을 표현해도 태연하게 부탁하는 이들의 뻔뻔함은 전혀 변하지 않으니 실로 골칫거리다.

2장

결과적으로
휘둘리게 되는
말과 행동

—— 지금까지 주위 사람을 아무렇지 않게 휘두르는 사람이 이용하는 수단에 대해서 설명했다. 그런데 본인도 모르는 사이에 이런 수단을 사용하여 주위 사람을 혼란에 빠트리거나 복종시키는 일은 없을까.

라 로슈푸코가 '만약 우리에게 전혀 단점이 없다면, 남의 흠집을 찾아내는 일을 이렇게까지 좋아할 리 없다'고 말했듯이, 타인의 흠은 쉽게 눈에 띄지만 자기 자신의 흠은 잘 보이지 않는다. 그렇기 때문에 자신도 모르는 사이에 주위 사람을 휘두르고 있는 것은 아닌지 되돌아볼 필요가 있다.

다음 대화를 살펴보자. 아들을 복종시키기 위해서 엄마가 매우 흔히 사용하는 방법이다.

엄마 "자, 나가자. 장난감 정리하고."

아들 "싫어. 엄마, 나 더 놀고 싶어."

엄마 "안 돼. 벌써 늦었으니 빨리 나가야 해. 어서 가자."

아들 "싫어! 나는 계속 장난감 갖고 놀고 싶다고."

엄마 "좋아. 그렇게 때쓰면 엄마 혼자 갈 거야. 너 혼자 집 보렴."

엄마는 아들을 데리고 외출하려고 하지만 아들은 집에서 놀고 싶어 한다. 이런 갈등은 매우 흔한 상황이다. 이때 엄마는 어떻게 할까?

먼저 위의 첫 번째와 두 번째 문장처럼 직접적으로 말한다. 하지만 바라는 방향으로 아들을 유도하지 못하고 실패로 끝났다. 이때 엄마가 좀 더 효과적인 다른 방법은 없을까 생각하다가 떠올린 것이 바로 협박이다. 세 번째 문장은 말을 듣지 않으면 아들을 두고 가버린다고 은근슬쩍 협박하고 있다.

이 방법을 사용하면 엄마는 부모의 권위를 노골적으로 휘두르지 않고 상황을 종료시킬 수 있다. 이른바 번거롭지만 교활한 수법으로 '엄마는 명령을 따르지 않는 아이를 버리는 일도 마다하지 않는다'는 메시지를 전하는 것이다.

그럼 이 메시지를 받은 아이는 과연 어떤 반응을 보일까? 이 메시지를 믿는지 믿지 않는지에 따라 반응은 달라진다. 먼저 엄마의 말을 믿는 경우, 아이는 공포심을 갖게 된다. 엄마가 자신을 버릴지도 모른다는 가능성을 내비쳤기 때문이다. 이는 어떤 아이라도 위협적으로 받아들인다. 따라서 이 방법은 아이를 복종시키기에 효과적이며, 이 방법이 효과적이라는 사실을 알고 있는 부모일수록 이를 빈번히 사용한다.

이런 부모는 무의식중에 '나는 너에게 만족하지 않아. 그래서 너는 내게 그다지 중요하지 않지. 너를 사랑하지도 않아. 그래서 나는 언제라도 너를 버릴 수 있어. 나는 네가 없어도 잘살 수 있으니까 너를 떼어놓고 외출할 거야'라는 메시지를 아이에게 보낸다.

부모에게 이런 메시지를 받은 아이는 자존심에 상처를 입고 자신을 탓한다. 어쩌면 나 따위 태어나지 않는 편이 좋았을 것이라 생각할지도 모른다. 이처럼 아이의 마음에 깊은 상처를 내기 때문에 당연히 부모가 충분한 애정을 보여 안심시킬 필요가 있다. 그러나 안타깝게도 압도적으로 많은 부모가 아무런 자각 없이 아이에게 이런 메시지를 보내고, 그 결과 아이는 부모에게 사랑받지 못하는 것이 아닐까 하고 불안에 시달린다.

한편 엄마의 말을 믿지 않는 경우, 아이는 누구를 위협하고 복종시키기 위한 거짓말은 용서된다고 배운다. 이 방법을 부모가 자주 사용할수록 아이는 자신이 원하는 방향으로 남이 움직이지 않을 때 거짓말로 공포를 심어주며 위협하면 일이 잘 풀린다고 생각하게 되는 것이다.

아이는 부모가 이 방법으로 그들이 원하는 방향으로 자신을 움직이기 때문에, 자신이 이 방법을 사용해도 괜찮다며 정당화할지도 모른다. 아이는 부모가 사용하는 여러 가지 전략을 모방한다. 따라서 부모가 타인을 마음대로 움직이기 위해 '위협하는 수법'을 사용하면 아이도 같은 수법을 통해 대인관계를 맺으려고 한다.

특히 부모가 사용한 수법에 아이가 상처받아 불안이나 공포를 갖게 된다면, 아이는 동일한 수법으로 주위 사람을 휘두를 가능성이 높다. 부모의 행동으로 괴로운 기억을 갖게 된 아이가 남에게는 이런 행동을 하지 않으면 좋겠지만 실제로는 그렇지 않다.

여기에는 프로이트의 딸 안나 프로이트가 '공격자와의 동일시'라고 명명한 메커니즘이 작용하기 때문이다. 이 메커니즘에 따라 자신에게 불안이나 공포를 준 사람의 속성을 자신의 것으로 받아들여 그 공격을 모방한다. 그러면서 불안이나 공포를 받은 사람에서 주는 사람으로 바뀐다. 이른바 '외상적 경험을 처리하는 방법으로써 수동적 역할에서 능동적 역할로 변한다'는 일종의 방어 메커니즘이다.[6]

위에서 소개한 수법으로 아이를 본인의 뜻대로 움직이려고 하는 부모는 많이 있다. 또 '공격자와의 동일시'도 흔한 메커니즘이며, 그 결과 연쇄 공격이 일어난다. 당연히 주위 사람을 휘둘러서 본인의 뜻대로 하거나 화풀이하는 일도 은밀하게 이루어진다. 그런 의미에서 우리 모두 조금씩은 주위 사람을 휘두르는 사람이라 해도 과언이 아니다.

이번 장에서는 본인은 깨닫지 못하고 있을지도 모르지만, 결과적으로 주위 사람을 휘두르는 다양한 말과 행동을 살펴보고 분석한다. 그중에는 분명 조금으로 끝나지 않고 타인의 상처에 소금을 뿌리는 심한 행동도 있을 것이다.

겉으로는 좋은 사람이 보내는
이중 메시지

—— 앞서 이야기한 더블 바인드만큼은 아니지만 은근 슬쩍 이중 메시지를 보내서 주위 사람을 혼란시키며 휘두르는 일도 있다. 이중 메시지는 대부분 다음 세 가지 수법으로 이루어진다. 첫째 상반되는 어조와 내용, 둘째 '네'와 '아니오' 동시에 말하기, 셋째 수동 공격성passive aggression 이다. 차례로 살펴보자.

첫째, 상반되는 어조와 내용이다. 주위 사람에게 천연덕스럽게 말로 상처 주는 사람이 있다. 웃으면서 모욕하거나 정중한 말로 비웃거나 부드러운 어조로 위협한다. 말하기 곤란하다는 듯이 이야기하면서 뒤로는 미소를 띠는 것도 이에 해당한다.

예컨대, 회사 선배가 신입 사원에게 부드럽게 '이런 실수를 하다니, 중학교는 졸업한 거야?'라고 말하는 식이다. '댁의 바깥양반, 정리 해고당했다고 들었는데 정말 큰일이네요'라고 동정하듯 지인의 아내를 비웃는 경우도 있다. 혹은 거래처에서 '좀 더 저렴한 가격을 제시하는 곳은 얼마든지 있어서요. 저희는 언제든 다른 거래처와 거래해도 상관없는 것 아시죠?' 하고 온화하게 말하는 경우도 있다.

반대로 칭찬과 축하를 완전 냉랭한 어조로 말할 때도 있다. 상사가 부하 직원에게 '실적을 올린 모양이네'라고 차갑게 말한다. 동료에게 '승진 축하해' 하고 쌀쌀맞게 이야기하기도 한다. 혹은 아들이 일류 대학에 합격한 옆집 아주머니에게 '아들이 좋은 대학에 들어갔으니 미래는 보장됐네요'라고 눈을 마주치지 않고 말하는 일도 있다.

이처럼 이야기의 내용과 어조가 일치하지 않으면 상대는 혼란스럽고 두려움마저 느낀다. 도대체 어느 쪽을 믿어야 하는가? 이 미묘함을 어떻게 받아들여야 하는가? 말의 내용을 믿어야 하는가, 어조를 믿어야 하는가? 혼란스럽다.

말하는 사람은 듣는 사람의 이런 혼란을 어렴풋이 눈치

채고 있다. 동시에 이렇게 말하는 데에는 자기 방어적인 측면도 있다. 웃으면서 공격적인 말을 했을 때 만약 상대가 '왜 그런 식으로 말하는 거야?'라고 따진다면, '아니, 그냥 농담이지'라며 상황을 모면할 수 있기 때문이다.

게다가 이렇게 상대의 마음속에 애매한 형태로 의혹의 씨앗을 뿌려놓으면 나중에 그를 휘두를 때 효과적이다. 상대방이 말의 내용과 어조의 격차에 당혹감을 느끼며 '비난받은 건가', '위협당한 건가' 계속 생각하고 고민하게 하는 것이 명확하게 모욕이나 협박의 말을 던진 것보다 더 큰 정신적 데미지를 입힐 수 있다.

둘째, '네'와 '아니오' 동시에 말하기다. 회사에서 한 직원에게 선배가 일을 맡기는데, 이렇게 답했다고 하자. "네에, 하겠습니다. 지금 진짜 일이 너무 많아서 시간이 없지만, 그래도 하겠습니다. 제 일도 마감을 맞추지 못할 것 같지만 그래도 선배를 위해서라면 이 일을 먼저 하겠습니다."

이 경우 '네'라고 말한 것일까, '아니오'라고 말한 것일까? 아마 이 직원은 선배의 부탁을 거절하지 못하고 머리로는 도와줘야지 하면서 속으로는 도와주는 일은 불가능하다고 생각했을 것이다. 이런 갈등이 예인지 아니오인지 파악할 수 없는 애매한 대답으로 나타난 것이다.

이런 대답을 들은 선배는 어쩌면 이 직원에게 일을 부탁하지 않을지도 모른다. 이 직원의 계략이라고 생각되지는 않지만, 일이 너무 많아서 더 이상 맡을 수 없다는 생각이 뜻하지 않게 드러나게 되었을 가능성도 있다. SOS를 이런 형태로 표현할 수밖에 없었다고 한다면 이 이중 메시지에는 방어적인 측면도 있다고 볼 수 있다.

이 직원은 이성과 감정 사이에 항상 격차가 있는 전형적인 사람으로, 이중 메시지를 보내지 않고서는 그 격차를 메우기 어렵다. '인간은 생각하는 갈대다'라는 말로 유명한 프랑스의 철학자 파스칼이 지적했듯이 '만약 인간이 정념(감정) 없이 이성만을 가졌다면, 만약 인간이 이성 없이 정념만을 가졌다면…. 그러나 둘 다 가졌기 때문에 인간은 싸우지 않을 수 없다. 어느 한편과 싸움으로써만 다른 한편과 평화를 유지할 수 있기' 때문이다.

파스칼 같은 현자도 '이성과 감정 사이의 인간의 싸움'을 고민했음을 가늠케 하는 구절이다. 우리 같은 보통 사람이 이성만으로 행동할 수 없고 이성과 감정이 대항하여 동요하는 것은 당연한 일이다. 이 '싸움'은 해결할 수 없기 때문에 머리로는 '네' 하면서 마음속 깊은 곳에서는 '아니오'라고 비명을 지른다.

많든 적든, 누구나 이런 경험이 있을 것이다. 예컨대 회사에 출근했더니 책상 위에 서류가 산더미처럼 쌓여 있고, 상사가 이렇게 말했다고 해보자. "○○ 씨가 몸이 안 좋아 당분간 쉬기로 해서 그가 하던 일을 자네가 하게 되었네. 마감이 얼마 안 남아서 촉박하기는 하지만, 우리 부서에서 안심하고 일을 맡길 수 있는 사람은 자네밖에 없으니까 부탁해."

머리로는 상사가 맡긴 일을 당연히 받아들여야 한다고 생각하지만, 마음속으로는 '이만큼이나 되는 일을 할 수 있을 리가 없잖아. 내 일만으로 벅차 죽겠는데! 애초에 ○○ 씨가 쉬게 된 이유도 상사의 직장 내 괴롭힘이 원인이니까 책임지고 상사인 네가 하라고!'라고 구시렁거릴지도 모른다. 그런데도 이 말을 입 밖으로 꺼낼 용기는 없다. 무슨 일이 있어도 '아니요. 못 하겠는데요'라고는 할 수 없다. '네'라고 답할 수밖에 없을 것이다.

필연적으로 '네'라고 할 수밖에 없지만, 그 안에는 다양한 뉘앙스가 담겨져 있을 것이다. 앞서 말한 첫 번째 방법처럼 어조를 통해 '아니오'라는 기분을 전하려 할지도 모른다. 시무룩한 얼굴로 '네'라고 답하거나 '네에, 알겠습니다아'라고 언짢은 목소리로 말할 수도 있다. 혹은 '네, 그런데…' 하고 어떠한 이유를 붙여 본인에게만 나머지 일을 억지로 떠맡기는 상사에게 에둘러서 불만을 전할 수도 있다.

속에서부터 흘러나온 감정이 '아니오'라고 소리치고 있는 것이다. 이때 이중 메시지는 억압할 수 없는 감정의 폭발이라고 할 수 있다.

셋째, 수동 공격성이다. '수동적 공격'이라고도 한다. 왜 '수동적passive'이냐 하면 '적극적active'이 아닌 '소극적passive'으로 공격하기 때문이다.

바로 위에서 소개한 회사원처럼 사실은 그 일을 하고 싶지 않은데 해야만 하는 상황에 놓여 마지못해 해야 할 때, 생각지 못한 실수라는 형태로 속에 쌓인 분노가 밖으로 표출될 때가 있다. 혹은 해야 할 일을 좀처럼 하지 않는 태만이라는 형태로 나타나 마감이 촉박하다고 상사가 말했음에도 불구하고 일정을 맞추지 못하는 일도 있다. 즉, 분노를 공개적으로 표현하지 않기 때문에 수동 공격성이라는 어두운 형태로 표현된다.

실수를 하거나 마감을 맞추지 못하면 주위의 평가가 낮아져 결국 본인이 손해라는 점은 조금만 생각해봐도 알 수 있다. 그런데도 왜 수동 공격성 형태로 분노를 표현할까? 이것 역시 파스칼이 지적한 '이성과 감정 사이의 인간의 싸움'이다. 이성적으로는 충분히 알고 있지만 감정적으로는 참을 수 없기 때문에 이런 형태로 분노가 분출되는 것이다.

그리고 놓칠 수 없는 또 다른 메커니즘도 작용한다. 상사가 부탁한 일을 마감까지 마치지 못하면 상사가 곤란해질 것을 어렴풋이 알고 있을 가능성도 있다. 자신에게 방대한 양의 일을 억지로 맡긴 상사를 조금이라고 곤란하게 할 수 있다면 복수했다는 기분이 들 테니까 말이다.

이런 행동은 자신에 대한 평가를 하락시키거나 상사의 질책으로 이어질 수 있지만, 누구에게나 현실적 판단이 불가능할 만큼 감정이 이성을 이기는 상황이 생긴다. 이럴 때일수록 분노를 수동 공격성 형태로 표현하기 쉽다.

그러나 단순히 부주의한 실수나 태만으로 인한 일의 지연과, 수동 공격성으로 나타나는 마음속에 간직된 분노는 구별이 어려운 막연한 영역이다. 이때 주변인들은 어떻게 대응하면 좋을지 모른 채 당혹스럽고 불안해하기 때문에 수동 공격성은 주위 사람을 휘두르기에 적당한 수단이다.

수동 공격성은 특히 타인을 험담할 때 그 위력을 발휘한다. 한 60대 시어머니의 말이다. "오늘 오후 아들 집에 전화했더니 손주가 받길래 엄마 좀 바꿔달라고 했어. 며느리는 자고 있던 모양이더라고. 내 생일에 손수 뜬 카디건을 선물해줘서 고마워서 전화했는데 말이야. 우리 며느리는 재주도 좋고 요리도 잘하고 청소나 빨래도 꼼꼼하게 해. 그런데 계속 집에만 있으니 당연한 일이긴 하지만, 좀 더 빨리 일어나지 않으면 손주가 유치원에 갈 때쯤엔 아이 챙기기 힘들겠어."

언뜻 보면 며느리를 칭찬하는 듯한 인상을 주지만, 계속 듣다 보면 사실은 뒷담화를 통해 강한 적의를 내비치고 있다는 사실을 알 수 있다. 이 시어머니는 평소에 "나는 뒷말 같은 거 안 해. 뒷말하는 사람 이해를 못 하겠어"라고 주장하고 본인은 '착한 사람'이라고 생각하기 때문에, 본인이 며느리 뒷담화를 한다는 사실을 도저히 받아들일 수 없을 것이다. 그래서 에둘러서 며느리를 흉보며 스스로를 기만하고 있다.

이 시어머니는 '뒷담화'라는 자기 안의 '악'을 부정하고 있으므로 이성으로는 며느리를 칭찬하려고 하지만 감정으로는 적의를 숨길 수가 없다. 매우 미묘한 형태로 며느리에게 적의를 표출하는 전형적인 수동 공격성이라 할 수 있다.

이 시어머니를 한마디로 표현하자면 '겉으로는 좋은 사람'이다. 겉으로는 좋은 사람으로 있으려고 스스로 포장하고 있다고 할 수 있다. 이렇게 겉으로는 좋은 사람일수록 사실은 뒤에서 은근슬쩍 남을 공격한다. 이런 사람의 겉모습만을 믿으면 휘둘리게 된다.

어느 회사의 이야기다. 한 20대 여성 직원이 다른 직원에게 들은 상사에 대한 불만이나 푸념을 다소 부풀려서 고자질해 많은 동료가 휘둘리고 있다. 이 직원은 남을 시기하고 심하게 의심하며 신경질적인 30대 여성 과장과 좋은 관계를 만들고 싶어서인지 그녀에 대한 안 좋은 소문을 은근슬쩍 본인에게 알려준다. 예를 들면, 점심시간에 동료가 "그 과장은 내 업무량은 생각하지도 않고 일을 맡긴다니까"라고 푸념을 늘어놓으면, 이 직원은 과장에게 가서 "그 사람이 '과장님은 자기 업무량도 생각하지 않고 일을 맡기니까 짜증 나. 결혼해서 일을 그만두면 좋을 텐데'라고 혀를 차던데요"라고 부풀려서 전하는 식이다.

이 직원은 언제나 생글생글 웃으며 동료의 푸념을 잘 들어주는 모양이다. 그래서 처음에는 사람들이 거기에 속아서 자기도 모르게 속마음을 말하고 만다. 그러면 그녀는 말을 부풀려서 전하는 것이다.

이처럼 의외로 많은 사람이 다른 사람의 푸념을 듣고 다소 부풀려서 전한다. 여기에는 푸념을 늘어놓은 사람을 밀어내는 동시에 본인은 상사의 마음에 들기를 기대하는 자기 보호 욕구도 담겨 있다. 바로 위의 경우처럼 이런 행동을 반복하다 보면 누구도 상대해주지 않지만, 인사이동 직후가 되면 상황이 달라진다. 또다시 생글거리는 얼굴을 하고 그녀의 성격을 모르는 다른 직원에게 접근해서 신뢰를 얻은 뒤 이것저것 캐묻는 것이다.

겉으로는 좋은 사람인데 뒤로는 이상한 소문을 내는 사람은 회사에만 있는 것은 아니다. 한 20대 남성은 일이나 연애 고민을 가족처럼 들어주는 친구 하나를 '좋은 사람'이라고 믿고 무엇이든 그에게 이야기했다. 그러던 어느 날 이 남성이 "일을 삶의 보람으로 삼고 싶으니까 실력 있는 선배랑 일하면 좋겠어"라고 말했는데 그 친구가 이 말을 악의적으로 가공해서 다른 친구들에게 이야기한 사실을 알게 되었다. "너한테만 말하는 건데, 그 녀석은 출세 말고는 관심이 없어서 잘나가는 친구들만 필요한 듯해." 그는 다른 친구에게 이처럼 자신의 발언이 왜곡되어 전달된 것을 듣고 아연실색했다고 한다.

다른 사람의 고민이나 푸념을 진지하게 듣는 겉으로는 좋은 사람 중에는 단지 다른 사람의 불행을 듣는 것을 좋아하는 사람도 적지 않다. 아르바이트를 하는 한 30대 여성은 '최근 남편과 사소한 일로 싸웠어…'라며 푸념했는데, 육아 친구 중 한 명이 걱정하듯 이야기를 들으며 여러 가지 조언을 해주었다고 한다. 이 여성은 상대를 '다정한 사람'이라 여겨 신뢰하고 자기도 모르게 자세한 사정을 전부 이야기했다.

그런데 그 육아친구가 "○○네 엄마, 남편과 사이가 안 좋은가 봐. 밤늦게까지 여러 가지 아르바이트를 하니까 집에서 요리를 별로 안 하나? 남편도 불쌍하긴 해. 하지만 남편 회사가 망할 거 같아서 ○○네 엄마가 아르바이트를 하는 거니까 남편도 불평은 못 하지"등으로 살을 붙여서 소문내고 있다는 것을 알게 되었다. 이후 이 여성은 사람을 믿지 못하게 되었다. 육아친구도 될 수 있으면 만나지 않으려고 하지만 아이가 괴롭힘당하거나 따돌림당하면 어쩌나 하는 불안 때문에 고민에 빠졌다.

이와 같이 겉으로는 좋은 사람일수록 내재된 분노나 적의를 수동 공격성 형태로 표현하며 남을 공격하고 휘두른다. 뒤집어 말하면 분노나 적의를 공공연하게 드러내지 않기 때문에 이런 어두운 형태로밖에 표현할 수 없는 것이다.

따라서 겉으로는 좋은 사람과 만날 때는 그가 억압된 분노나 적의를 자각하지 않은 채 수동 공격성의 형태로 표현하지는 않을까 하고 경계하는 편이 좋다. 반대로 스스로도 겉으로는 좋은 사람으로 있으려고 분노도 적의도 갖고 있지 않은 듯 가장하는 사이 마음속의 독을 점점 어두운 형태로 내뱉는 것은 아닌지 항상 되돌아보아야 한다.

교묘한 변명으로
사실을 왜곡한다

── 진실을 정의하기란 어렵다. 특히 감정이나 인상은 각 개인이 어떻게 느끼고 받아들이는지 주관적이기 때문에 사람마다 다른 것이 당연하다.

그러나 사실은 당사자들 사이에 '이것이 진실'이라는 합의가 성립된 경우가 많다. 물론 이를 일일이 의식하면서 생활하지는 않지만 어렴풋이 서로 알고 있다는 점을 전제로 하기 때문에 대화가 가능한 것이 아닐까.

그런데 이 세상에는 그런 전제가 성립하지 않는 사람이 꽤 존재한다. 몇 날 며칠에 어떤 사건이 발생하고 그 장소에는 여러 증인도 있었기 때문에 이쪽 입장에서는 자명한 사실이지만, '그럴 리 없어'라며 부정하는 사람도 있다. 혹은 '몰라', '본 적 없어'라며 시치미를 떼는 사람도 있다.

한 회사의 남성 신입 사원의 이야기다. 그는 모르는 일도 아는 척하고 질문하지 않아 중대한 실수를 저지른다. 이 신입 사원은 일류 대학을 우수한 성적으로 졸업했고 일도 열심히 한다. 다만 '질문하는 것은 능력 없는 직원이라는 증거'라고 생각하는지 모르는 게 있어도 물어보지 않고 스스로 판단해서 일을 처리한다는 것이다. 그러다 심각한 실수를 저질러서 종종 주변 사람까지 말려들게 한다. 거래처에도 실수를 해서 상사가 직접 사과하러 간 일도 있다. 그럼에도 불구하고 당사자는 스스로 판단해서 멋대로 진행한 일이 초래한 사태의 심각성을 제대로 인지하지 못하는 모양이다.

이 신입 사원은 상사가 '모르는 것이 있으면 물어보도록' 하고 주의를 주면 '네, 알겠습니다'라고 답하지만, 역시 본인 판단대로 일을 진행해서 중대한 실수를 반복한다. 그 뒤치다꺼리는 그의 선에서 끝나지 않고 결국 상사나 동료들 몫으로 돌아가 성가시게 한다.

그래서 상사가 '모르는 것이 있으면 물어보라고 했잖아'라고 말하면, 그는 '그런 말 듣지 못했는데요'라고 답한다는 것이다. 상사 입장에서는 '물어보라'고 확실히 말했고 행여나 듣지 못했다 하더라도 모르는 것이 있으면 질문하는 것이 상식이지만, 이 신입 사원에게는 그런 논리가 통하지 않는 것이다.

이 신입 사원이 듣지 못했다고 발뺌하는 이유는 상사가 '모르는 것이 있으면 질문하도록' 주의 준 사실이 실제인지 아닌지 확인하기 어렵기 때문이다. 회사에서 나눈 대화는 전부 녹음하지 않으며 녹음 자체도 불가능하다. 상사가 부하 직원과의 대화를 녹음하면 신뢰관계가 성립되지 않고 일도 진행되지 않기 때문이다.

증거가 없는 이상 '듣지 못했어요'라고 답하며 시치미 뗀다면, 그는 앞으로도 스스로 판단해서 멋대로 일을 진행할 가능성이 높다. 실제로 이와 같이 판단한 상사는 이 신입 사원에게 더 이상 중요한 일을 맡기지 않았다고 한다.

이렇게 발뺌하는 다른 이유로, 이 신입 사원이 강한 자기애를 품고 본인은 무엇이든 할 수 있다는 만능감萬能感(전능감)을 갖고 있을 가능성을 생각해볼 수 있다. 이런 경우 본인이 모르는 것이 있다는 사실 자체를 인정하려 하지 않는다. 아니 오히려 인정하고 싶지 않기 때문에 질문을 하지 않고 스스로 판단해서 일을 진행하는 것이다. 그 결과 거래처에 실수하고 상사가 혼을 내도 모르쇠로 일관한다. 자기 책임이라고 인정하면 자기애가 상처를 입기 때문에 그 상황을 피하기 위해서 상대에게 책임을 전가하면서 '나는 나쁘지 않아'라고 주장하는 것이다.

이런 행동을 외부 거래처 사람이 하면 더 난감해진다. 한 40대 중소기업 경영자는 "큰 건이 생기면 이쪽에 맡길게요"라고 말하면서 귀찮은 일이나 돈이 안 되는 일만 맡기는 거래처의 30대 남성 담당자에게 오랫동안 시달리고 있다.

게다가 이 담당자는 뭔가 착오가 생기면 자신들 책임이어도 이 중소기업 탓으로 돌린다고 한다.

이 경영자는 자금 융통에 어려움을 겪고 있는 것을 빌미삼아 자신의 회사를 쓰고 버릴 수 있는 일회용 하청으로 여기는 것이 아닌가 싶어 화가 나지만, 이 거래처 담당자의 말을 쉽게 거절할 수 없다. 한번 거절하면 다음부터 일을 받지 못하는 것 아닌가 하는 걱정도 있고, 어쩌면 진짜 큰일을 맡길지도 모른다는 일말의 기대도 갖고 있기 때문이다.

물론 이 거래처의 담당자가 거짓말을 하고 있다고 단정할 수는 없다. 큰 건이 생기면 진짜 일을 맡길 예정이지만 없기 때문에 맡기지 못한 것일 수도 있다. 그렇다면 '약점을 잡고 귀찮은 일이나 돈이 안 되는 일만 무리하게 시켰지' 하고 그 담당자를 탓할 수는 없는 것이다.

설령 "지금까지 한 번도 큰일을 맡긴 적이 없잖아요"라고 중소기업에서 몰아세운다 해도 거래처 담당자는 "큰 건이 들어오지 않았을 뿐, 진짜 맡길 생각이에요"라며 교묘하게 발뺌할 것이다. 말의 진위를 확인하는 것이 어렵기 때문에 이 거래처 담당자는 중소기업을 휘두를 수 있다. 이처럼 애매함을 남겨 비난을 피하는 것도 비즈니스 관계에서의 상투적 수단이다.

이렇게 교묘한 변명으로 상대를 휘두르는 수법은 남녀 관계에서도 자주 사용된다. 앞서 1장에서도 이야기한, 은연중에 결혼을 암시하면서 여성에게 방청소와 요리를 시키고 돈까지 빌리는 남성을 기억하는가? 해당 여성이 "결혼할 거라고 말하긴 했지만 사실 그럴 생각 없는 거 아냐? 결혼을 미끼로 나를 이용할 뿐이잖아"라고 추궁했을 때, 상대는 "진짜 결혼할 생각이야. 단지 실적을 쌓고 승진한 뒤에 결혼하는 게 좋다고 생각해서 미루고 있는 것뿐이지"라고 답했다고 한다. 이 대답을 듣고 그녀는 다시 한 번 그를 믿어보자 생각했고 지금까지 관계를 질질 끌고 있다.

꽤 교활한 수법이다. '정말로 ○○할 생각이었어'는 진위를 쉽게 확인할 수 없어 상대를 꾀어 휘두를 수 있다. 거짓말은 아니므로 상대를 아무리 휘둘러도 죄책감을 느끼지 않는다. 적지 않은 사람이 자각하지 못하는 가운데 이 방법을 사용하고 있을 것이다.

대화를 피하고
상대의 존재조차도 무시한다

—— 바로 앞에서 살펴본 신입 사원은 자기 판단대로 일을 진행해서 큰 실수를 반복하지만 상사에게 혼날 때마다 모르쇠로 일관한다. 이는 대화를 거부하고 싶다는 욕망의 표현이다.

대화 거부도 주위 사람을 휘두르는 사람이 사용하는 수법 중 하나로, 그 목적은 남을 무시하는 것이다. 설명과 이해를 통해 문제를 해결하려는 상대방의 말은 듣지 않으면서 질문에도 대답하지 않으려 하니 타인의 존재 자체를 무시하고 있다고도 할 수 있다.

대화 거부에는 다음과 같은 다양한 방법이 있다.

⊙ 계속 일방적으로 말하며 절대 말을 끊지 못하게 한다. 문제나 해결책에 본인 의견만을 이야기하여 남이 의견을 말할 틈도 주지 않는다.

⊙ 상대가 무언가 말하려고 하면 바로 말을 가로막는다. 혹은 큰 소리와 강한 어조로 일방적으로 말한다.

⊙ 남이 말을 걸거나 질문하면 굉장히 바쁜 척하며 피한다.

간혹 '지금은 바쁘니까 나중에 이야기하자'고 하지만 실제로 나중에 대화할 생각은 없다.

⊙ 상대가 이야기하는 동안 굉장히 지루해한다. 혹은 휴대전화를 만지작거리는 등의 딴짓을 하며 남의 이야기를 진지하게 들으려고 하지 않는다. 물론 질문에도 답하지 않고 눈도 마주치지 않는다.

⊙ 화제를 자주 돌려 이야기의 방향을 바꾼다. 특히 자신에게 불리한 화제가 나오면 '그런 재미없는 이야기 말고 재미있는 이야기하자'고 말한다. 혹은 더 퉁명스럽게 '이제 그만해. 듣고 싶지 않아. 난 다른 할 일도 많아'라고 말하며 자리를 뜬다.

⊙ 이야기하는 시간을 정해놓고 그 시간 안에 끝낼 것을 요구한다. 일단 처음에는 예의 바르게 이야기를 듣지만 본인이 정한 시간이 다 되면 '자, 이제 끝'이라고 말한다. 마치 이야기를 나누는 것이 본인에게 고역이고 아무 흥미도 없다는 듯한 인상을 준다.

⊙ 코웃음 치며 남 이야기 따위 어떻게 되든 상관없어 한다. '그 정도는 다른 사람도 다 할 수 있는 거 아냐? 큰일도 아니잖아'라는 뉘앙스를 일부러 전하려 한다.

⊙ '말이 안 통하네'라고 말하는 등 대화가 성립되지 않는다는

것을 강조하려 한다.

◉ 통화 중 갑자기 전화를 끊는다. 만나서 이야기를 하는 경우에는 갑자기 자리를 뜬다. 문을 거칠게 닫을 때도 있다.

전부 '더 이상 이야기를 지속하고 싶지 않다' 혹은 '이야기를 나누는 것 자체가 싫다'는 의사 표시다. 자신이 싫어하는 화제가 올라오거나 질책 혹은 비난을 받을 우려가 있는 경우 누구라도 위에 서술한 방법을 사용하고 싶을 것이다. 자기 방어 본능의 작용인 것이다. 마음에 들지 않는 상대와는 이야기하기 싫다고 생각한 적이 한 번도 없는 사람이 오히려 드물지 않을까.

그러나 일반적으로는 이런 어른스럽지 못한 행동은 해서는 안 된다는 이성이 작용하므로, 마음에 들지 않는 상대나 피하고 싶은 화제라도 대화에 참여한다. 특히 직장에서는 그럴 수밖에 없다.

그런데 이성이 작용하지 않으면 감정이 우위를 차지하여 아무렇지 않게 대화를 거부하기 시작한다. 특히 주위 사람을 아무렇지 않게 휘두르는 사람은 주변 반응을 눈치채지 못하는 경우가 많아 오만하게 행동하기 쉽다. 자기 자신이 그런 사람인지 스스로 되돌아보자.

책임 회피를 위해
은근슬쩍 애매하게 말한다

—— 중요한 점을 확실히 하지 않고 애매한 채로 두는 것도 주위 사람을 휘두르는 사람이 사용하는 수법 중 하나다. 대개 이 방법은 무슨 일이 생겼을 때 쉽게 발을 뺄 수 있도록, 즉 책임 회피를 위해 사용된다. 그래서 자기 보신 욕망은 강하지만 될 수 있으면 책임은 지고 싶어 하지 않는 사람이 자주 사용한다.

앞서 소개한 귀찮은 일이나 돈이 안 되는 일만 주는 거래처 담당자 이야기로 돌아가보자. 중소기업 경영자가 "이건 손도 꽤 많이 가고 수익도 나지 않는 일인데…. 이번에 이 일을 받으면 다음엔 정말 큰 건을 주시는 거죠?"라고 묻자, 담당자는 "개인적으로는 큰 건 들어오면 그쪽에 맡기고 싶은데 현재로서는 언제 들어올지 알 수도 없고 어디로 발주할지는 회의해서 결정합니다. 저희 회사 일을 언제나 확실히 해주시는 하청업체 중에 한 곳에 발주합니다"라고 답했다고 한다.

애매한 대답을 이중으로 하고 있다는 점에서 가히 예술적이라 할 수 있다. 우선 큰 일감이 들어오는 시기를 모호하게 이야기하고 있다. 또 어디에 발주 넣을지는 회의에서 결정한다고 하면서 혼자서 결정하는 것이 아니기 때문에 어디가 될지 알 수 없다고 발뺌하고 있다. 다르게 말하면 이 회사에 발주하지 않아도 본인 탓이 아니라는 변명도 된다.

그리고 "저희 회사 일을 언제나 확실히 해주시는 하청업체 중에 한 곳에 발주합니다"라는 말로 은근슬쩍 협박하고 있다. 이는 '귀찮은 일이나 돈 안 되는 일이라도 싫어하지 않고 받아들이는 하청업체에만 큰일을 맡길 테니, 큰 건을 받고 싶으면 불만 갖지 말고 해'라는 뜻이다.

이런 식의 협박은 어디서든 이루어진다. 회사에서 상사가 부하 직원에게 '성가신 일이라도 귀찮아하지 않고 열심히 하는 사람이 출세한다'고 했을 때를 생각해보자. 이는 '내가 명령한 일은 아무리 성가셔도 때로는 더러운 일이더라도 군말 없이 하는 녀석만 승진시킬 거야'라고 협박하는 것이다.

또 '인사이동을 받아들이는 사람만 승진할 수 있다'는 회사 내규도 '인사이동에 불복하는 녀석은 승진시키지 않겠다. 그러니까 출세하고 싶으면 어떤 산간벽지라도 싫은 티내지 말고 가'라는 협박으로 해석할 수 있다.

마찬가지로 부모가 자식에게 '우리가 아프면 간호해줄 자식에게 유산을 물려주고 싶은 것이 부모 마음'이라고 했을 때는 어떤가? '나를 제대로 돌봐주지 않으면 유산은 한 푼도 못 줘'라고 으름장을 놓는 것이다.

내 경우에는 본가로 돌아와 고향에서 병원을 차리라고 지겹게 요구하던 어머니가 어느 날 "유산은 한 푼도 필요 없는 거니?"라고 말한 적 있다. 물론 마음이 좀 흔들렸지만 여기서 지면 평생 어머니 지배하에 살아야 한다는 생각에 나는 "필요 없어요"라고 단호하게 답했다. 나는 스스로 돈을 벌고 있고, 또 직업상 어머니의 강한 지배 욕구를 이해하고 있어서 '내 요구를 따르지 않으면 유산은 한 푼도 줄 수 없어'라는 어머니의 협박을 거절할 수 있었다. 하지만 경제적으로 그다지 여유롭지 않거나 부모의 요구를 될 수 있는 한 들어주려 하는 사람이라면 이런 협박에 굴복할 수밖에 없다.

독립해서 혼자 일하며 생활하는 40대 여성의 이야기다. 그녀는 월급이 전혀 오르지 않아 불만을 품고 있던 차에, 아버지가 돌아가시면서 혼자 남아 불안해진 어머니가 "같이 살면서 간호도 해주는 자식에게 재산을 물려줄 생각이다"라고 말했다고 한다. 그래서 일을 그만두고 본가로 돌아가 어머니를 돌보며 지내게 되었다. 그런데 어머니는 나이를 먹을수록 점점 고집불통 제멋대로 행동했고, 이 여성은 그런 어머니에게 휘둘려서 지쳐버렸다. 이 어머니는 조금이라도 자신에게 반대하는 의견을 내면 "싫으면 나가라. 나는 혼자 잘살 수 있다"고 쏘아붙이며 지팡이까지 휘둘렀다고 한다. 이 여성은 '도대체 무엇을 위해 여기 있는 거지'라는 허망함에 시달리다 모든 의욕이 사라져 정신과를 찾아왔다.

나이를 먹으면 새로운 직장을 찾기란 극히 어렵다. 설령 새 직장을 구했다 하더라도 전 직장보다 조건이 안 좋은 경우가 흔하다. 이런 상황을 알고 있으면서도 '나가라'는 말을 쉽게 내뱉는 어머니에게 이 여성은 분노를 참지 못했다. 언젠가 간병 살인을 저지를지 모른다는 불안감에 종종 휩싸여서 이를 막기 위해서 어떻게 해야 할지 알고 싶어 정신과를 찾아왔다는 것이다.

이 어머니는 내 어머니처럼 '내 요구를 들어주지 않으면 유산을 한 푼도 줄 수 없다'는 말을 입에 올리지는 않았다. 그러나 은연중에 언급하면서 딸이 자신의 간호를 위해 퇴직하도록 교묘하게 행동했다. 이같이 직접적으로 말하지 않고 은근슬쩍 협박하여 상대를 본인이 원하는 대로 조종하는 것이 애매함의 최고 장점이라 할 수 있다.

이 방법은 꼬투리를 잡히거나 책임을 추궁당하는 사태를 피하기 위해서 자주 사용된다. 정치인과 정부 관료 등이 이 방법을 사용하는 달인이라고 할 수 있다. 나는 이들의 답변을 들을 때마다 굉장히 예술적이라고 감탄한다.

부정확한 발음이나 장황한 말로
혼란을 일으킨다

—— 주위 사람을 혼란에 빠뜨리는 화법도 흔히 사용되는 수법이다. 여러 가지 방법이 있는데, 자주 사용되는 것은 다음 네 가지다.

첫째, 부정확한 발음 혹은 거의 들리지 않는 목소리로 이야기한다. 굉장히 빨리 이야기할 때도 있다. 남을 이해시키려는 의도가 전혀 없다는 인상을 준다. 당연히 상대가 이해했는지 확인하는 법도 없다. 꼬투리를 잡히지 않기 위해 이런 화법을 택한다.

둘째, 세세한 점에 집착하여 하찮은 것을 장황하게 늘어놓기 때문에 길게 이야기한다. 또 어찌 돼도 상관없는 일을 장황하게 말하다가 다른 화제로 끌고 가기 때문에 상대를 답답하게 한다. 그래서 항상 중요한 화제가 비껴나가고 핵심적인 이야기를 할 수 없다. 본인이 요령 좋게 이야기를 정리할 수 없기 때문일 수도 있지만, 본인에게 불리한 화제를 피하려는 것일 수도 있다.

셋째, 중요한 점을 명확히 하지 않고 어중간한 채로 둔다. 이 때문에 여러 가지 해석이 가능하고 오해가 생기기 쉽다. 예를 들면, 회사에서 어떤 기획을 추진할지 말지 명확히 하지 않은 채 상사가 회의를 마치는 경우이다. 상사가 찬성 반대 어느 쪽도 아닌 애매한 의견을 던지면 부하 직원들은 당혹스럽다. 이렇게 되면 개중에는 자신에게 좋은 쪽으로 이 기획을 추진해도 좋다고 해석해서 진행하는 찬성파 직원이 생긴다.

넷째, 일반론만 말한다. 이것은 아무 말도 하지 않는 것과 동일한 결과를 초래한다. 예컨대 병원에서 의사와 간호사가 의료 사고를 줄이려면 어떻게 해야 할지 논의할 때, '애초에 직원이 실수하는 이유는…' 같은 식의 일반론을 끊임없이 말하는 경우이다. 이런 식의 대화는 학회나 세미나에서나 필요하다. 현장에서 의료 사고를 줄이기 위한 구체적인 대책을 논의하는 자리에서 직원 실수에 대한 일반론을 장황하게 늘어놓는 것은 민폐.

이런 사람은 본인의 지식을 과시하고 싶은 건지도 모른다. 하지만 일반론만을 계속해서 이야기하는 것은 대체로 눈앞에 있는 문제를 어떻게 대처해야 할지 몰라 그 당혹감을 감추기 위한 것이다. 그러므로 오히려 역효과가 난다.

　지금까지 주위 사람을 아무렇지 않게 휘두르는 사람이 이용하는 수단에 대해서 설명했다. 이 중 몇 가지는 어느 누구든, 그 수가 많건 적건 사용하면서 살아간다. 대체로 자기 방어 때문이며, 이 자기 방어는 자기애에서 유래한다. 자기애는 정도의 차가 있지만 누구든 갖고 있으며 그 탓에 자기 행동을 눈치채지 못하는 경우도 있다. 그러므로 모두가 어느 정도는 주위 사람을 휘두르는 사람이라 할 수 있다. 자신도 예외는 아니라는 점을 명심해야 한다.

3장
—

남을 휘두르는
사람들의
심리적 메커니즘

——— 앞서 말했듯이 누구든 어느 정도는 주위 사람을 휘두르는 경우가 있으며, 실컷 다른 사람을 휘두르며 아무렇지도 않은 얼굴을 하는 사람은 어디에나 있다. 그리고 휘두르는 본인이 아니라 휘둘리는 쪽이 나쁜 사람이라고 비난하는 사람도 있다.

이런 부류의 사람 대다수는 자기애가 강하다. 특히 자기중심적이며 본인의 목적을 달성하기 위해서라면 남을 부당하게 이용해도 괜찮다고 생각한다. 바로 이 점이 주위 사람을 아무렇지 않게 휘두르는 사람이 가진 공통점이다. 그리고 이들은 이 공통점에서 파생한 다음과 같은 특징을 가지고 있다. 어떤 특징이 가장 두드러지게 나타날지는 사람에 따라 다르다.

⊙ 스스로를 과대평가한다. 때로는 과대망상을 하고 있는 것이 아닌가 싶을 정도로 현실 감각이 없다.

⊙ 본인은 무엇이든 할 수 있다는 만능감을 갖고 있다. 현실에 근거를 두지 않고 단지 무엇이든 할 수 있다는 환상적 만능감이다.

⊙ 본인은 특별하다는 특권 의식이 있다. 본인이 저지른 작은 실수는 다른 사람이 용서해줄 것이라고 멋대로 믿으며 특별한 배려를 요구한다.

⊙ 강한 지배 욕구가 있다. 무엇이든 자기가 생각한 대로 하지 않으면 성에 차지 않는다.

⊙ 본인이 정한 규칙만을 따르며 그 규칙을 남에게 강요하는 오만함을 보인다.

⊙ 본인이 세상을 보는 견해와 가치관을 남에게 강요하며 억지를 부린다. 본인은 절대적으로 옳으며 누구보다도 현명하다고 생각하기 때문이다.

⊙ 욕구 불만을 처리하는 능력이 낮다. 그 탓에 마음에 들지 않는 일이나 불합리한 일을 당하면 바로 불만을 표시하며 어른스럽지 못한 행동을 많이 한다.

⊙ 본인의 말과 행동이 남에게 어떤 영향을 미칠지에 대한 상상력이 결여되어 있다. 다른 사람은 자신의 욕망을 만족시켜

주기 위한 도구에 지나지 않는다고 생각하기도 한다.

⊙ 이해타산적이다. 자기중심적이기 때문에 득과 실로만 움직인다. 그렇지만 그 속이 너무나도 빤히 들여다보이기 때문에 자주 주위의 반감을 산다.

⊙ 누구보다도 뛰어나다고 인정받기를 원하는 사회적 승인 욕구가 강하다. 인정받기 위해서라면 본인의 경력이나 실적을 속이는 것도 마다하지 않는다.

이상의 특징을 전부 갖춘 사람을 정신의학에서는 자기애성 인격장애라고 한다. 이 모든 특징을 다 갖고 있지는 않지만 몇 가지 성향을 보이는 사람이 주위 사람을 아무렇지 않게 휘두르며 민폐를 끼치고 있지는 않은가? 이번 장에서는 이러한 특징을 면밀히 분석하면서 그들의 정신 구조를 설명해보겠다.

스스로를
과대평가한다

── 주위 사람을 아무렇지 않게 휘두르는 사람은 스스로를 과대평가한다. 왜 저런 착각을 할까 하고 주위에서 혀를 내두를 정도로 본인의 능력이나 외모를 실제보다 높이 평가하는 경향이 있다.

한 회사에 근무하는 50대 영업부장은 소싯적 잘나갔던 경험을 이야기하며 그 당시에나 가능했던 비효율적인 방식을 고집한다. '내가 젊었을 때는 거래처에서 싫어해도 매일 찾아가서 얼굴 도장을 찍었어. 그렇게 하면 분명히 내 열의가 전해진다니까'라는 식의 근성을 주장하며 요즘에는 거래처에 불편만 끼치는 시간이 많이 드는 비효율적인 일 처리 방식을 밀어붙인다.

무엇보다 답답한 점은, 변화를 싫어하기 때문에 태블릿 PC 도입을 거부한다는 것이다. 이미 이 회사의 사내 재고 관리는 컴퓨터 시스템으로 바뀌었다. 이 시스템과 연동되는 태블릿PC를 사용하면 거래처에서도 영업부 직원이 주문만 입력하면 바로 처리되기 때문에, 대다수 직원은 주문 관리가 한번에 이루어져서 편리하다고 생각한다. 그런데 이 부장이 '수기로 주문표를 확실히 작성해서 회사로 돌아온 뒤 컴퓨터에 입력하는 편이 실수할 위험이 적다'고 주장하며 태블릿PC 사용을 완강히 거부하고 있다고 한다.

이런 고집 탓에 이 부장은 IT기기 사용에 미숙하다. 한 사람 앞에 한 대씩 지급된 컴퓨터조차 잘 다루지 못하여 자주 헤맬 정도라고 하니, 새로운 태블릿PC 사용은 버겁다고 생각하는지도 모르겠다.

그런데 이 부장은 실제로 거래처에 나가 영업을 하지 않기 때문에 태블릿PC로 일을 하지 않아도 된다고 한다. 그럼에도 불구하고 태블릿PC 도입을 완강하게 거부하는 이유는 뭘까? 부하 직원이 태블릿PC로 거래처에서 주문을 입력하고 처리하면 회사로 돌아오지 않고 현지에서 바로 퇴근하는 날이 늘게 될 텐데, 그렇게 되면 부하 직원 관리가 불가능하다고 생각하여 불안해하기 때문이다.

또 부하 직원들의 일의 효율이 비약적으로 증가하면, 지금까지의 일 처리 방식은 비효율적이라고 여겨질 테고, 그러면 본인이 지금까지 주장한 근성까지 더불어 부정당한다는 불안 때문에 태블릿PC 도입을 강력하게 반대하는 것이다.

이처럼 불안이나 공포로부터 스스로를 지키기 위해 자기 자신을 과대평가하는 사람이 있다. 스스로를 과대평가하면서 자기애가 상처 입지 않도록 방어벽을 치는 것인데, 그 결과 눈앞의 현실을 직시하지 못하고 현실적인 판단도 할 수 없게 된다.

본인은 무엇이든 할 수 있다는
만능감을 갖고 있다

―― 주위 사람을 아무렇지 않게 휘두르는 사람은 또한 아무 근거도 없이 본인은 무엇이든 할 수 있다는 만능감을 갖고 있다. 어린아이일 경우 이런 만능감을 갖는 것은 당연

하다. 나는 무엇이든 할 수 있고 될 수 있다고 믿으며 장대한 꿈을 갖는 일은 어린아이에게만 허용되는 특권이다.

프로이트가 〈나르시시즘 서론〉에서 지적하듯이, 많은 부모가 '과거에 자신이 그렇게 믿고 있었듯이 '어린이는 왕'이어야 한다'고 생각하기 때문이다.[7] '질병, 죽음, 향락의 포기, 자기 의지의 제한, 자연 법칙이나 사회 법칙도 아이에게는 적용되지 않으며, 아이는 우주의 중심이며 핵심이어야 한다'고 생각하는 것이 부모 마음이다.

즉 부모는 '이미 포기한 이전의 나르시시즘을 부활시키고 재현시킨 것'을 자신의 아이에게 투영하여 '까마득한 옛날에 아이에게 포기된 특권을 허용하려고 한다.'[8] 그러므로 부모의 자기애를 아이에게 투영하고, 투영한 만큼의 기대가 클수록 어린아이가 만능감을 갖게 되는 것은 당연하다. 누구에게나 나는 무엇이든 할 수 있고 될 수 있다고 믿는 시기가 있다. 오히려 그런 시기가 없었던 사람은 자기 평가가 낮고 자존감도 낮다.

단, 유아기의 만능감을 성인이 되어서도 지속적으로 갖고 있다면 문제가 있다. 왜냐하면 어른이 된다는 것은, 극히 소수의 천재를 제외하고, '나는 모든 것을 다 할 수는 없다'는 서글픈 현실을 받아들이는 일이기 때문이다.

독자들도 이런 경험이 한 번쯤은 있을 것이다. 어린 시절, 자신은 누구보다 똑똑하니까 명문대에 들어가서 연구자가 될 거라 꿈꿨지만 실제 입학한 학교는 그다지 유명하지 않은 그저 그런 대학이었을지도 모른다. 혹은 프로 야구선수가 되어서 메이저리그에서 활약하는 꿈을 꾸며 매일 캐치볼을 했지만 실제로는 고시엔에서 활약하는 일도 프로가 되는 일도 이루지 못하고 동네 야구팀에서 야구를 즐기고 있을 수도 있다.

　흔하디흔한 사연들이다. 우리는 성장하면서 꿈과 현실 사이의 거리에 직면하고 이 거리를 좁히는 과정에서 무엇이든 할 수 있다는 과거의 만능감을 버리지 않으면 현실에 적응할 수 없다.

　물론 굉장히 똑똑해서 명문 대학을 졸업하고 노벨상급의 연구를 하는 과학자도 있으며, 이치로나 다르빗슈처럼 실제로 메이저리그에서 활약하는 야구선수도 있다. 그러나 이런 경우는 극히 일부라 오히려 예외적이라고 할 수 있다.

　그렇지 않은 압도적 다수인 '평범한 사람'은 '나는 모든 것을 다 할 수는 없어'라고 현실을 받아들이면서 만능감을 버릴 수밖에 없다. 이런 단념이야말로 어른이 되는 길이라고 해도 과언이 아니다.

그런데 그러지 못하는 사람도 있다. 견딜 수 없기 때문이다. 만능감에 집착한 나머지 주위 사람을 휘두른다. 본인의 능력이 얼마나 대단한지 주위에서 인정해야 직성이 풀리는 것이다.

앞서 1장에서 소개한 '나보다 학력이 낮은 상사 밑에서 일하고 싶지 않다'는 말을 입에 달고 사는 30대 고학력자 여성은 학원강사 아르바이트로 생계를 유지하면서도 현재 상황에 만족하지 못하고 취득하기 힘든 자격증을 따기 위해 계속해서 공부하고 있다. 똑똑한 만큼 취득하기 어려운 자격증 몇 가지를 가지고 있지만, 의사소통 능력과 협동심이 부족한 탓인지 자격증을 살린 직장에 취직하지 못하고 있다.

그런데도 '이번에는 이렇게 어려운 자격증을 땄어'라고 친구에게 자랑하지 않고는 배기지 못하고, '자격증이 없으면 월급이 적을 수밖에 없지'라며 아랫사람을 가르친다는 뉘앙스를 풍기며 친구의 직업에 딴지를 건다. 그 때문에 친구들 대부분은 그녀와 말을 섞지 않는다고 한다.

그녀는 만능감을 버릴 수 없다고 하지만, 눈앞의 현실은 스스로의 만능감을 충족시킬 만큼 만만하지 않다. 그래서 취득하기 어렵다는 자격증을 따는 것으로 상처 입은 자기

애를 보완하려고 한다. 그러나 아무리 자격증을 따도 자기 결핍감은 사라지지 않는다. 그러므로 취득한 자격증을 자랑하며 친구 직업의 가치를 깎아내리는 것으로밖에 자기 가치를 확인할 수 없는 것이다.

본인은 특별하다는
특권 의식이 강하다

—— 주위 사람을 아무렇지 않게 휘두르는 사람은 대부분 본인은 특별하다는 특권 의식을 갖고 있다. 아무런 근거도 없이 특권 의식을 가지고 있는 경우 단순히 착각이 심한 '골치 아픈 사람'으로 분류하면 되지만, 학벌이나 직업, 외모, 재산 등 나름 설득력 있는 근거를 내세우며 본인이 나는 특별하니까 작은 실수는 용서된다고 믿는 경우에는 주변에 안 좋은 영향을 크게 미친다.

이런 특권 의식을 만천하에 드러낸 탓에 스스로 무덤을 판 사람이 전前 도쿄 도지사인 마스조에 요이치다. 마스조에는 가나가와 현 유가와라마치에 있는 별장에 거의 매 주말마다 관용차로 드나든 일을 해명하는 기자회견에서 기자의 질문에 "이봐요, 정치인이란 제일 높은 지도자란 말입니다"라는 말로 특권 의식을 드러낸 바 있다.

이 발언은 도쿄 도민의 반감을 샀고 그는 결국 도쿄 도지사직을 내려놓았다. 그의 이런 특권 의식은 옛날부터 알아주던 모양이다. 2010년에 발간한 《내각총리대신 증보판-그 역량과 자질의 파악 방식》이라는 책에서 그는 다음과 같이 썼다. "국회의원은 서민은 할 수 없는 일을 하고 있기 때문에 국회의원인 것이다. 그 특권 의식을 자랑스럽게 서민에게 어필하는 것이 진짜 정치인이라고 나는 확신한다."

고급 호텔과 별장 출입에 집착한 것도 '특권 의식'의 어필이었는지 의문이 생기는 구절로, 그의 강한 특권 의식이 엿보인다. 심지어 그는 특권 의식을 노골적으로 드러내는 일이 나쁜 행동이 아니라 오히려 '진짜 정치인'의 필수 조건이라고 믿고 있다.

이 특권 의식의 근거는 도쿄대 법학부를 졸업하고 도쿄대 조교수를 거쳐 국회의원 등을 역임한 그의 화려한 경력이다. 매스컴에서 찬양하던 국제정치학자로서의 경력도 특권 의식에 힘을 실어주었을 것이다.

어쨌든 마스조에는 '나는 특별하니까 웬만한 일은 허용된다'라는 특권 의식으로 폭주한 나머지 끝내 자멸했으니 자업자득이라고 할 수 있으나, 이로 인해 휘둘린 도청과 도쿄 도민은 그 분함을 참을 수 없을 것이다.

그런가 하면 고학력자라는 특권 의식을 가지고 폭주하는 젊은 세대도 있다. 그 전형적인 예가 바로 2016년 도쿄대 학생이 일으킨 집단 강제 추행 사건, 각각 게이오대와 지바대 의대 학생이 일으킨 집단 강간 사건이다.

이 사건들은 명문 대학 학생이 범인이라는 이유로 세간을 떠들썩하게 만들었다. 이런 사건이 끊이지 않는 이유 중 하나는 명문대 학생들은 초중고 시절 공부를 잘해서 부모와 선생에게 인정과 칭찬을 받으며 '나는 특별하니까 웬만한 일은 용서된다'는 특권 의식을 갖기 쉽기 때문이다.

그러나 이것만으로는 충분한 설명이 되지 않는다. 일련의 사건 가해자를 옹호하려는 뜻은 추호도 없지만, 그들을 조장한 사람, 즉 이네이블러가 그들 주변에 있을 가능성이 높다. 예를 들어 명문 대학 남학생과의 교제를 일종의 '자랑'이라고 생각하며 장래 정부 관료나 의사가 되거나 대기업에 입사할 가능성이 큰 엘리트와 지금부터 교제하고 싶어 하는 여학생의 경우가 전형적인 이네이블러라고 할 수 있다.

강한 특권 의식을 가진 사람에게는 이런 이네이블러와의 상호관계가 남을 아무렇지 않게 휘두르는 양분이 된다. 이

상호관계에 대해서는 다음 장에서 자세히 설명하겠다.

지배 욕구가
강하다

—— 1장에서 이야기했듯이, 지배는 다른 사람을 아무렇지 않게 휘두르는 사람이 자주 이용하는 방법이며 그들은 당연히 매우 강한 지배 욕구를 갖고 있다. 극단적일 경우, 무엇이든 자기 생각대로 하지 않으면 성에 차지 않아 독재자처럼 행동하기도 한다.

가족기업의 전무인 한 40대 남성의 이야기다. 그는 사장의 아들이기도 한데, 학창 시절 친구들이나 취미생활을 함께하는 동료들에게 회사의 직책을 주려고 한다. 친구나 동료라면 그들의 속마음도 잘 알고 열심히 일해줄 것이다. 무엇보다도 자신의 방침에 이의를 제기하지 않을 테고 제어할 수 있다.

하기야 직책이 무한히 있는 것도 아니고, 전무는 나이 많은 관리직이 자기 방침에 조금이라도 반대하면 평사원으로 강등시키기 위한 흠을 잡아내서 다른 직원들 앞에서 작은 실수를 크게 나무라면 그만이다. 이에 회사에 정이 떨어져서 스스로 사직서를 내는 연차가 많은 관리직이 계속 속출하지만 이 전무로서는 바라던 바이다.

그는 관리직이 공석이 될 때마다 그 자리에 자신의 친구들을 앉히고 회사를 멋대로 경영해나간다. 단골로 다니던 고급 클럽의 호스티스 여성을 자기 비서로 두고 높은 월급을 주고 있으나, 주변에는 모두 예스맨들뿐이기에 어느 누구도 그에게 뭐라고 하지 않는다. 아니, 아무 말도 못 한다. 물론 이 여비서가 전무의 내연녀라는 사실은 사내에서 공공연한 비밀이다. 그러나 조금이라도 비위를 상하게 하면 전무가 격노할 것이 뻔하기 때문에 드러내놓고 말할 수는 없다고 한다.

사장인 아버지는 고령에 병까지 얻어 경영에 거의 참여하지 않기 때문에 사내 인사 대부분을 이 전무가 좌우하고 있다. 게다가 이 전무는 가족기업 사장의 장남이라는 위치에 대한 특권 의식도 상당히 강해 본인은 무슨 짓을 해도 괜찮다고 생각한다는 것이다. 그 결과 현재 이 회사는 도산 직전으로 직원들 월급을 계속해서 대폭 삭감하고 있다고 한다.

이 모든 이야기는 이 회사의 한 남성 직원이 정신과를 찾아오면서 듣게 되었다. 그는 생활비를 벌기 위해 퇴근 후 부득이하게 편의점에서 아르바이트하여 불규칙한 생활을 한 탓에 잠을 못 자게 됐다고 호소했다.

그가 이런 상황에서도 회사를 다니는 이유는 40대 후반이라 이직도 어렵고 집 대출금도 남아 있으며 대학생 아들의 학비도 필요하기 때문이다. 그러면서도 내심 '망하려면 빨리 망했으면 좋겠다. 사업 자체는 수요가 있기 때문에, 망하면 몇 년 전 회사에서 쫓겨난 사장의 동생(전무의 작은아버지)과 함께 지금 사장과 전무를 쫓아내고 회사를 재건하자'라고 생각하는 모양이다. 이런 마음을 먹은 직원이 대부분인 회사가 경영이 어려워진 것은 어쩌면 당연할지도 모른다.

위에서 말한 전무 같은 사람이 가족의 일원이라면 더욱 큰 문제다. 한 30대 남성 회사원은 본인이 그리는 이상적인 인생 이외에는 인정하려고 하지 않는 아내 때문에 속을 끓이고 있다. 그의 아내는 "슬슬 발레와 피아노를 시키고 초등학교 입시를 준비해야 해"라며 세 살인 딸아이의 앞으로 행복한 인생을 위해 이것저것 생각하고 있는 모양이다. 물론 그건 좋지만 돈이 많이 드는 사교육만 제안하는 아내가 남편은 부담스럽다.

이 남성은 중국인 관광객의 '싹쓸이 쇼핑'이 줄어든 영향으로 월급이 삭감되어 아내에게 아르바이트를 권유했지만, 아내는 "옷 사는 비용이나 점심 식대에 돈이 더 들어", "아르바이트하면 동네 아줌마들한테 무시당해" 같은 이유를 대며 일하려 하지 않는다고 한다. 그러면서 절약도 하지 않고 집 안일에도 소홀하여 남편의 스트레스는 쌓여만 간다.

이 남성의 아내가 본인이 이상으로 그리는 인생 외에 다른 것을 인정하려 하지 않는 이유는 앞서 말했던 '스스로에 대한 과대평가'와 '자신은 특별하다는 특권 의식' 때문이다. 그녀는 자신이 가지고 있는 외모와 재능을 높이 평가하고 자신은 공주님처럼 우아한 생활을 보내는 것이 당연한 특별한 사람이라는 특권 의식을 가지고 있다. 그뿐만이 아니라 지배 욕구도 높아서 자신의 이상을 남편과 딸에게도 강요하는 것이다.

이런 사람은 딸이 무엇을 하고 싶어 하는지, 딸에게는 어떤 재능이 있는지 등은 일절 생각하려고 하지 않는다. 그녀에게는 '이미 포기한 예전 나르시시즘을 부활시키고 재현시킨 것'을 딸에게 투영하고 자기실현을 꾀하는 일이 무엇보다도 중요하다.

당연히 모자 일체감이 강하고 딸을 본인의 분신으로 생각하므로 과잉보호와 과잉간섭을 하기 쉽다. 또 딸이 본인 기대에 부응하고 발레나 피아노 레슨을 열심히 받아 빛나는 성과를 내는 동안은 '착한 아이'라며 칭찬하겠지만, 그렇지 않으면 애정을 쏟지 않는다. 즉 조건부 애정밖에 주지 않는다. 사랑받고 싶다는 욕망이 강한 딸일수록 이런 엄마의 욕망에 휘둘리기 쉽다.

이런 엄마 손에 자란 딸은 엄마의 애정을 얻으려고 공부든 뭐든 열심히 한다. 그래서 부모 말을 잘 듣는 '착한 아이'가 되는 경우가 많으나, 사춘기를 겪으면서 자립을 둘러싼 갈등을 겪게 된다. 그 결과 거식증이나 폭식증 등의 섭식장애를 일으키는 경우도 있다. 이런 아이들의 엄마와 면담하면 자식을 자기 뜻대로 하고 싶다는 강한 욕망을 발견하고 나는 아연실색을 금치 못한다.

자신만의 규칙을
타인에게 강요한다

───── 자신만의 규칙을 다른 사람에게 강요하는 전형적인 사람 중 하나가 바로 1장에서 소개한 전직 은행원 남편이다. 이 남편이 집안일이나 장보기 방식에 세세한 규칙을

정하고 아내에게 따르도록 강요해서 아내가 '남편 재택 스트레스 증후군'에 걸렸다고 이야기한 바 있다. 본인만의 규칙을 강요하는 이유는 지배 욕구가 강하기 때문이다. 그리고 주위 사람을 휘두르며 민폐를 끼치는 정도는 본인의 세세함과 비례한다.

어느 은행 지점장의 이야기다. 그는 깐깐한 성격으로 은행 직원 전체를 휘두른다. 굉장히 성실하고 부지런한 사람으로, 이 점은 우수한 은행원이 되기 위해 필요한 자질이고 그 덕에 지점장 자리까지 올랐을 것이다. 그러나 문제는 이 지점장의 성실함과 부지런함이 도가 지나쳐서 아주 작은 것까지 집착한다는 점이다.

한번은 그가 은행 바닥에 떨어져 있던 1엔짜리 동전을 주워 파출소에 가져다주라고 부하 직원에게 시킨 적도 있다고 한다. "금융기관이니까 돈에 관해서는 철저해야 해. 나중에 고객이 1엔짜리 동전을 잃어버려서 찾고 있다고 하면 어쩔 거야"라고 했다는데, 나는 그 말을 듣고 '실제로 그런 손님은 없지 않을까?' 하고 고개를 갸웃거렸다.

물론 '1엔을 비웃은 자, 1엔에 운다'라는 말도 있는 만큼 1엔이라도 우습게 여겨선 안 된다. 그러나 정장에 넥타이까지 맨 남성이 1엔짜리 동전을 파출소에 맡기러 가면 경찰도 당황하지 않을까. 심지어 3개월이 지나도 동전 주인이 나타나지 않아서 그 돈을 찾으러 파출소에 다시 갔다는 소리에 나는 한숨이 나왔다(일본에서는 물건을 습득해서 파출소에 가져다주면 습득한 사람의 신상과 과정을 기록한다. 그리고 물건의 주인이 3개월 동안 나타나지 않을 경우, 파출소로 가져다준 사람에게 그 물건을 양도한다-옮긴이).

이 이야기는 해당 은행에서 일하는 40대 남성 직원이 해주었다. 그는 매일 지점장이 작은 일에도 주의를 주거나 질책해서 잠이 오지 않는다고 정신과를 찾았다. 상담 도중 지점장이 얼마나 깐깐한지 보여주는 에피소드로 이야기해준 것이다.

이 직원은 도장을 비스듬히 찍었다고 30분 이상 혼내거나 포스트잇 붙이는 위치가 좀 비껴나갔다고 한 시간 이상 설교를 하는 등 지점장의 성격에 지칠 대로 지친 상태였다. 다른 직원들도 스트레스 받기는 마찬가지지만 '옳은 일을 똑바로 실행'이 입버릇인 지점장 앞에서는 그 누구도 아무 말 못 한다고 한다.

이 지점장은 본인 방식이 완벽하다고 생각하기 때문에 자기만의 규칙을 은행 직원 전체에게 강요하고 있다. 어쩌면 지점장으로서 위엄을 보이려고 자기만의 규칙을 강요하는 것이 최고라고 생각할 수도 있다. 그렇기 때문에 조금 다른 방식으로 도장을 찍거나 포스트잇을 잘못 붙인 직원을 장시간 혼내지 않았을까.

그렇다고 해도 은행 바닥에 떨어진 1엔짜리 동전을 파출소에 가져다주라고 시킨 일은 너무 심했다. 이런 깐깐함이 드러난 또 다른 사건도 있다. 평소에는 잘 사용하지 않는 응접실에서 타 지점 관리자들이 모여 회의를 했다. 회의가 무사히 끝나고 한숨 돌렸을 무렵이었다. 지점장이 벽에 붙어 있던 달력이 지난달이라는 것을 발견하고는 버럭 화를 낸 것이다. 계속된 분노로 직원 모두가 당황했다고 한다.

달력을 제때 넘기지 못한 것은 실수지만 살짝 주의를 주면 될 일이다. 게다가 평소에는 사용하지 않는 응접실이니 그럴 수도 있지 않은가. 타 지점 관리자들은 벽에 붙은 달력을 신경도 쓰지 않았을 것이다. 그럼에도 불구하고 이 지점장은 설교를 멈추지 않아 직원들을 두려움에 떨게 만들었다. 그러나 엉뚱한 일에 화를 낸 것은 아니기 때문에 부하 직원들은 반론하기 힘들었다고 한다.

이 지점장은 모든 일에 이런 식이라, 은행 직원 모두를 하나부터 열까지 지적하고 확인하는 데 시간이 걸려 일의 능률이 떨어지는 모양이다. 당연히 이 지점은 실적이 부진하다. 전국에 있는 전체 지점 가운데서도 실적 순위를 끝에서부터 찾는 게 쉬울 정도다. 지점장은 이 부분도 불만이라 화를 낸다고 한다.

명백한 완벽주의의 폐해다. 완벽주의자인 이 지점장은 무엇이든 확실히 하지 않으면 직성이 풀리지 않는다. 주위에서 '부지런하다', '일을 꼼꼼하게 한다'고 높게 평가해주니 앞으로도 그러겠다고 생각하는 것은 아닐까.

젊었을 때는 완벽을 기하기 위해서 확인 작업에 아무리 시간이 걸려도 본인이 납득할 수 있을 때까지 해도 괜찮았을지 모른다. 그러나 상사가 되어서도 같은 방식을 고수하며 완벽을 추구하는 본인만의 규칙을 주위 사람에게 강요해서는 안 된다. 부하 직원은 숨이 턱턱 막히고 무엇보다 실수하지 않도록 매번 확인하느라 시간을 허비해서 정작 중요한 일은 시작도 못 하게 된다.

이는 결과적으로 실적 악화를 초래한다. 성실, 꼼꼼함, 완벽 모두 미덕이지만 선을 넘으면 안 된다. 역시 적당함이 제일이다.

자기 의견을 다른 사람에게 강요하는
억지를 부린다

—— 본인은 옳다고 생각해서 자신의 견해나 가치관을 남에게 강요하지만, 강요받는 쪽의 입장은 어떨까? 강요받는 쪽은 그 가치관이 옳다고 생각하지 않는다.

한 30대 여성은 60대 시어머니가 잘못된 옛날 옛적 상식을 강요하는 바람에 두 손 두 발 다 들었다. '항생제는 만병통치약이다', '감기에 걸리면 몸을 움직여 땀을 빼야 낫는다' 등 어느 것 하나 옳은 것 없는 옛날 상식을 추천하고 한 살짜리 딸의 교육에도 참견한다. 보육원에서는 '한 살짜리 육아에 대해서는 시어머니 말씀은 안 듣는 편이 좋아요'라고 했기 때문에 며느리는 어찌할 바를 모르고 있다.

이 시어머니가 자신의 생각을 며느리에게 강요하는 이유는 그것이 옳다고 생각하기 때문이기도 하지만, 사실 며느리가 자기 뜻대로 행동하도록 만들어 자기 우위성을 과시하고 싶다는 욕망 때문인지도 모른다.

이처럼 자기 의견을 며느리에게 강요하며 자신의 우위성을 과시하려고 하는 시어머니는 어디에나 존재한다. 또 다른 30대 여성도 60대 시어머니 때문에 애를 먹고 있다. 이 시어머니는 이유를 불문하고 '우리 집안은 명문가'라고 며느리에게 자랑한다. 심지어 며느리를 가정부 취급하고 '주판을 배운 사람은 머리가 좋다', '수영을 배우면 애가 협동심 없이 자란다' 등의 근거 없는 말이나 편견으로 며느리를 불쾌하게 한다. 며느리가 반박하면 '가문의 차이' 이 한마디로 정리한다. 며느리 의견은 들을 생각도 없는 모양이다.

사실 이 시어머니의 친정도 그다지 명문가는 아닌데, 본인이 시집왔을 때 시어머니에게 똑같은 소리를 들은 모양이다. 며느리는 남편에게 그 이야기를 듣고 같은 며느리로서 시어머니를 이해하기로 했다고 한다. 이처럼 자기가 당한만큼 다음 세대에게 똑같이 돌려주는 연쇄 공격은 앞서 2장에서 다뤘던 '공격자와의 동일시'라는 메커니즘을 따른다.

육아친구 사이에서도 자기 의견 강요 현상이 나타난다. 한 30대 여성은 같은 나이대의 육아친구가 자신의 육아법을 끈질기게 추천해서 어찌할 바를 모르고 있다. 이 육아친구는 육아에 열정적인 사람이다. 그것까지는 괜찮은데 본인의 육아법을 남에게 강력하게 권할 때가 있어, 거기에 관심을 보이지 않으면 바로 언짢은 티를 낸다. 가끔은 '○○이 엄마는 육아에 별로 관심이 없나 봐'라는 소문을 내기도 한다.

그래서 그녀가 추천하는 육아법에 관심이 있는 척할 수밖에 없는데, 그러면 또 자기가 육아에 얼마나 많은 시간과 에너지를 투자하는지 이야기하기 시작한다. 도중에 말을 자르면 또 바로 기분 나빠하기 때문에 그녀의 말을 끝까지 들어주어야 한다. 이 점에 대해서는 다른 육아친구들도 포기했다고 한다.

이 육아친구가 자신의 육아법을 강력하게 권하는 이유는 자신이 절대적으로 옳다는 생각 때문인데, 이 정도로 집요하다면 다른 요인도 의심해볼 수 있다. 어쩌면 똑 부러지는 커리어 우먼으로 살고 싶었지만 생각처럼 되지 않았다든지, 회사일로 바쁜 남편과 사이가 좋지 않다든지 하는 갖가지 이유로 자기 결핍감을 느껴서 대신 육아로 그 성취감을 얻으려고 하는 건 아닐까?

아니면 본인의 육아방법에 대한 불안감을 해소하기 위해 다른 사람에게 권유하고 실천하게 함으로써 '괜찮아. 내 방법은 틀리지 않았어'라고 스스로 위로하려는 건지도 모른다.

본인의 의견이나 방법을 남에게 강요하는 사람은 우월성 과시 혹은 불안감 불식이라는 욕망을 가졌을 가능성이 높다. 이런 사람은 주의해야 한다.

욕구 불만
처리 능력이 낮다

—— 타고난 기질이 욕구 불만을 제대로 처리하지 못하고, 마음에 들지 않는 일이나 불합리한 일을 당하면 바로 토라져서 어른스럽지 못한 행동을 하는 사람이 있다. 또 응석받이로 자라거나 온실 속 화초처럼 자라서 자기 뜻대로 되지 않으면 상대에게 화풀이를 해도 된다고 믿는 사람도 있다.

한 30대 남성 직원의 이야기다. 그는 결과만 낸다면 동료들에게 협조하지 않아도 된다고 생각하는지 같은 부서 사람이 곤란한 일에 처해도 도울 생각을 하지 않는다. 상사가 좀 도우라고 해도 "제 일이 아닌데요" 하며 따르지 않는다. 아무리 상사가 "자네가 힘들 때 도움을 받을지도 모르니까, 서로 좋은 게 좋은 거라고 같은 부서 동료끼리 협력해야지"라고 타일러도, "저는 제 일에 제대로 된 성과를 내놓고 있는데요? 제가 잘못됐나요?"라며 고집을 부린다. 그뿐만 아니다. "다른 사람 일을 도와주면 제 일을 못하잖아요. 결국 우수하고 성실한 사람만 피해 보는 거 딱 싫어요"라며 열을 낸다고 한다.

이 부하 직원은 실적이 좋기 때문에 상사로서는 더 뭐라고 할 말이 없다. 명문대를 우수한 성적으로 졸업했고 일부 임원이 그를 장래 간부 후보로 눈여겨보고 있을 정도다. 출셋길에서 멀어진 직속 상사는 그래서 이 부하 직원에게 엄하게 주의를 줄 수 없다. 그 결과 이 직원은 '나는 특별하니까 마음대로 굴어도 어느 정도는 괜찮아'라는 특권 의식을 갖게 되었고, 동료를 도우라는 상사의 말에도 화를 낼 정도로 욕구 불만에 대한 내성이 약하다.

또 다른 회사에서는 일은 잘하지만 고집이 센 40대 경리부 터줏대감 여직원을 다들 두려워하고 있다. 그녀는 마음에 들지 않는 직원은 대놓고 싫어하며 그 직원이 실수하는 날엔 살얼음판을 걷는 듯한 분위기를 만든다고 한다. 게다가 한번 실수하면 한참 지난 뒤에도 그 일을 물고 늘어져서 "그때 그 실수 때문에 모두 힘들었어. 두 번 다시 그런 일이 생기지 않도록 해줬으면 좋겠어", "일 못하는 사람이 한 명이라도 있으면 완전 민폐지. 더 전문적으로 일해줬으면 좋겠어"라며 몰아붙인다. 이런 일로 부장에게 주의를 받아도 그녀는 달라지지 않는다.

그녀는 특히 젊은 여성 직원에게 엄격해서 업무 관련 경비를 청구하면 바로 트집을 잡는다. "회사에 놀러 나오면 곤란하지”등의 싫은 소리를 해서, 이를 듣고 싶지 않은 여성 직원들은 자비로 필요한 비품을 구입할 정도다. 이 터줏대감 여직원에게 미움을 사서 우울증으로 회사를 그만둔 직원도 세 명이나 된다고 한다.

이 터줏대감 여직원이 마음에 들지 않은 사람에게 어른스럽지 못한 행동을 계속하는 이유는, 그녀가 일한 기간이 길고 일도 잘해서 아무도 이런 행동을 제대로 지적하지 못한 채 허용해왔기 때문이다. 또한 그녀가 지금까지 혼자 살면서 결혼이나 출산을 경험해보지 않았다는 점도 젊은 여성 직원에게 유독 엄격한 태도를 보이는 이유라고 할 수 있다.

위의 협동심이 부족한 남성 직원이나 젊은 여성 직원에게 꽉꽉하게 구는 터줏대감 여직원의 행동은 본래 상사의 주의로 인해 고쳐졌어야 하지만 그렇지 못했다. 물론 상사에게 주의 받아도 화를 내거나 거부하는 사람이 가장 큰 문제지만, 더 강하게 주의 주지 못한 상사나 보고도 못 본 척 넘어간 동료들에게도 문제는 있다. 즉 주위에 이네이블러가 있어서 그 상호관계 속에서 어른답지 못한 행동을 하는 것이다. 이 점에 대해서는 다음 장에서 좀 더 자세히 이야기하겠다.

자기 말과 행동의 결과에 대한
상상력이 결여되어 있다

—— 상상력의 결여도 주위 사람을 아무렇지 않게 휘두르는 사람에게 흔히 발견된다. 앞서 말한 전 도쿄 도지사 마스조에가 그 전형이라고 할 수 있다. 그는 두 번의 이혼 경력이 있으며 두 명의 정부 사이에 아이가 있는데, 그는 싱글맘과 혼외자식이 세상을 살아가기가 얼마나 힘든지 상상해보지 않았나 보다. 어쩌면 본인은 엘리트라서 이 정도 일은 남에게 용서될 거라고 생각했던 것일까.

이와 같은 상상력 결여는 출산 직전의 아내가 병원에 입원해 있을 때 불륜 사실이 보도되어 의원직을 사퇴하게 된 전前 중의원 미야자키 겐스케에게서도 볼 수 있다. 그는 본인의 행동이 아내에게 얼마나 상처가 되는지 상상력이 결여되어 있다.

그리고 앞서 언급한 도쿄대, 게이오대, 지바대 의대 남학생들도 남의 상처에 대한 공감 능력과 상상력이 결여되어 있다. 이들이 벌인 집단 강제 추행과 집단 강간 사건을 생각해보자. 음란 행위와 성폭행이 피해 여성에게 얼마나 큰 상처가 될지 생각하지 않고, 여성을 자기 욕망을 충족시키기 위한 도구에 지나지 않는다고 믿고 있는 것은 아닌지 의심된다.

이렇게 상상력이 결여된 남성과 교제하는 여성은 상처를 받기 쉽다. 20대 회사원인 한 여성은 세 살 연상의 남성과 사귀고 있는데, 그가 데이트 중에도 툭하면 본인의 어머니 이야기를 한다고 한다. 그러면서 "어머니가 만드는 음식과 똑같은 맛을 내는 여자랑 결혼하고 싶어"라며 본인의 어머니에게 요리를 배울 것을 그녀에게 암묵적으로 강요한다는 것이다. 그러나 남자친구는 정작 그녀의 부모님 이야기에는 관심을 보이지 않았다고 한다.

이 여성이 무엇보다 참을 수 없었던 점은 쉬는 날 데이트 약속을 하고서, 만나는 당일 전화로 "미안. 오늘 어머니랑 쇼핑 가기로 했어"라며 갑자기 취소하는 행동이다. 이런 일이 몇 번이나 반복되자, 어머니와의 약속이 먼저인 그에게 '역시 나보다 어머니가 중요하지!'라며 소리치고 싶었다고 한다.

한번은 남자친구가 데이트에 자기 어머니와 함께 나와서 그녀는 아연실색했다고 한다. 그의 어머니는 "감기에 걸려서 미안해요"라고 우아하게 말하더니 함께 식사하는 동안 그녀의 가족이나 회사 일을 꼬치꼬치 캐물어서 그녀는 마치 취조받는 듯한 기분이 들었다고 한다.

이 남자친구도 본인의 언행이 상대에게 어떤 영향을 미치는지 상상력이 결여되어 있다. 그녀가 느낀 대로, 이 남자친구는 다른 어떤 여성보다 어머니가 중요한 전형적인 마마보이다. 이런 사실을 알기 때문에 그와의 결혼생활은 힘들 것이라고 예상하면서도 고학력자에 대기업 직원이며 키도 크고 잘생긴 남자친구와 그녀는 좀처럼 헤어지지 못하고 고민하고 있다.

이 여성 역시 이네이블러이다. 마마보이와 결혼하면 고생할 것을 알면서도 남자친구가 가지고 있는 고학력, 고수입, 멋진 외모라는 가치에 눈이 멀어 휘둘리는 상황을 스스로 반쯤 허용한 셈이다. 이런 여성이 많기 때문에 상대의 상처를 깨닫지 못하는 마마보이들이 증식하는 것이 아닐까.

자기중심적이고
이해타산적이다

── 당연한 말이지만, 주위 사람을 아무렇지 않게 휘두르는 사람은 타산적이다. 이들은 자기중심적이고, 매사 자기에게 득인지 실인지를 따져본다.

마트에서 일하는 한 50대 시간제 근무 직원의 이야기다. 그녀는 마트에서 오래 일해 일이 돌아가는 상황을 잘 알고 있는 베테랑이다. 하지만 새로 부임한 20대 여성 매니저가 마음에 들지 않았던 모양이다. 그래서 다른 시간제 근무 직원을 끌어들여 새로 부임한 여성 매니저를 험담했다. 때로는 새 매니저가 인사를 해도 눈도 마주치지 않고 무시하는 일도 있었다.

그런데 어느 날부터 새 매니저가 사장의 친척이며 아이가 없는 사장이 후계자로 생각하고 있다는 소문이 돌았다. 사장이 새 여자 매니저를 이 마트의 남성 직원 중 한 명과 결혼시켜 뒤를 잇게 할 생각이라더라, 그녀가 남성 직원과 손을 잡고 같이 걸어가는 모습을 본 사람이 있다더라라는 등의 그럴듯한 소문까지 돌았다.

어디까지가 진짜인지는 모른다. 그러나 이 소문이 나자마자 앞장서서 매니저의 험담을 했던 그 직원의 태도가 돌변했다. 지금까지와는 완전 다른 태도로 새 매니저를 사근사근히 대했다. 그뿐만이 아니었다. 먼저 적극적으로 매니저에게 말을 걸며 사적인 이야기까지 하는 모습을 보고 동료 직원들은 어이가 없었다고 한다.

그녀와 같은 부류의 사람은 어디에나 있다. 자기 보신을 위해 태도를 싹 바꾸고는 수치심도 죄책감도 느끼지 않는다. 특히 자신의 수입이 줄어들거나 지금 위치에서 벗어나기 싫다거나 될 수 있으면 편하고 좋은 환경에서 일하고 싶다는 욕망이 강하고, 이를 위해서라면 무엇이든 한다.

너무 눈에 빤히 보이는 수법이라 주위의 반감을 사는 경우도 적지 않지만 당사자는 전혀 신경 쓰지 않는다. 반대로 자신보다 낮은 위치에 있거나 출셋길에서 밀려난 사람에게는 상당히 쌀쌀맞은 태도를 보인다.

즉, 자기 보신을 위해서는 마치 카멜레온처럼 상대의 권력이나 영향력을 보고 태도를 바꾸며 그와 같은 상태를 유지한다. 이들이 그런 처세술을 바꿀 가능성은 지극히 낮다. 그러므로 이해타산적인 사람은 원래 그런 사람이라고 체념하고 표면적인 관계를 유지하는 것이 무난하다.

사회적 승인 욕구가 강하고
종종 거짓말을 한다

—— 사회적 승인 욕구도 강한 자기애에서 출발한다. 주위 사람을 아무렇지 않게 휘두르는 사람은 승인 욕구만이

아니라 칭찬받고 싶어 하는 욕구도 강하기 때문에 그 나름대로 노력을 하고 상당한 성과를 내는 경우도 있다. 그러나 그것으로 만족하지 못한다. 항상 본인이 첫 번째여야만 한다. 이를 위해서 가끔은 본인 경력이나 실적에 대해서 거짓말을 하기도 한다.

STAP세포(자극 야기성 다능성 획득 세포)를 둘러싸고 소동을 일으킨 오보카타 하루코가 그 전형적인 인물이다. 오보카타는 2014년 1월 STAP세포를 발견했다고 세계적 과학지 〈네이처〉에 발표했다. 매스컴에서는 오보카타의 논문을 세계적 발견이라고 치켜세우며 '이과계의 별'이라고 떠들썩하게 보도했다.

그런데 세계 각국의 연구자들이 그녀의 실험 결과를 그대로 따라 해보았지만 그 누구도 STAP세포를 재현할 수 없었다. 더군다나 논문에 실린 사진의 중복, 남의 문장 도용, 무단 인용 등이 발견되어 STAP세포의 신빙성에 의문이 제기되었다. 당시 오보카타가 속해 있던 이화학연구소가 조사위원회를 꾸려 내용을 살펴본 결과, 논문에서 변조하거나 날조한 부분을 다수 발견하였고 논문은 철회됐다.

그 후 이화학연구소는 검증 실험을 실시했지만 STAP세포를 확인할 수 없었다고 결론지었다. 세계 각국의 연구 기관도 일제히 STAP세포의 존재를 부정했다. 결국 오보카타는 이화학연구소를 퇴직했고, 이 소동이 한창일 때 그녀의 상사이자 STAP세포 논문의 공동저자였던 남성이 자살하는 비극이 일어났다.

이 사건을 돌이켜보면 오보카타는 공상허언증이 있다고 보여진다. 공상허언증이란 1891년에 독일 출신 스위스 정신과의인 안톤 델브뤼크가 처음 설명한 개념이다.[9]

델브뤼크가 이 개념을 설명하면서 보고한 사례는 루마니아 왕의 자식이라고 주장하여 많은 사람을 속인 여성이나, 애인과 그 가족을 여러 가지 거짓말로 속인 남성이다. 델브뤼크는 이 두 사람의 사례에서 공통된 증상으로 다음 세 가지를 발견했다. 첫째 거짓말을 한다. 둘째 이 거짓말을 남에게 믿게 한다. 그러면서 종종 사기 행각을 벌인다. 셋째 이 거짓말을 스스로도 믿고 있다.

공상허언증을 가진 사람의 특징은 본인이 만들어낸 거짓말을 어느샌가 스스로 진짜라고 믿는다는 점이다. 스스로 사실이라고 믿고 있기 때문에 설사 만들어낸 이야기라 할지라도 특유의 설득력이 있다. 그들은 '비교할 수 없는 거짓말 수완'을 갖고 설득력 있는 거짓말을 만들어낸다.

델브뤼크가 제시한 세 가지 증상 전부가 오보카타에게

해당한다. 무엇보다 중요한 사실은 STAP세포의 존재가 객관적인 사실과는 어긋나는데도 오보카타는 어디까지나 진실이라고 믿고 있다는 점이다. 그렇기 때문에 그녀는 기자회견에서 "STAP세포는 존재합니다"라고 단언한 것이다.

공상허언증을 갖기 쉬운 사람은 인정받고 싶다는 사회적 승인 욕구가 강하다. 당연히 강한 자기애를 가졌다. 자기애가 강하면 필연적으로 주목을 받고 싶다는 자기 과시욕도 강해진다. 오보카타는 사회적 승인 욕구도 자기 과시욕도 일반 사람보다 한층 강하다고 볼 수 있다.

강한 사회적 승인 욕구나 칭찬 획득 욕구는 자기애성 인격장애의 특징이며, 강한 자기 과시욕은 연극성 인격장애의 특징이다. 이 두 가지 인격장애의 특징을 가진 사람일수록 공상허언증을 갖기 쉽다.

자기애성 인격장애와 연극성 인격장애의 특징을 모두 갖춘 사람이 누가 있을까? 미국의 현 대통령 도널드 트럼프를 생각해보자. 트럼프를 공상허언증으로 확진하는 것은 아니나 적어도 그는 타인, 더 나아가 다른 나라를 휘두르는 데 상당한 수완을 가진 인물이다.

트럼프는 거만하고 오만한 태도를 고수하며 여성과 이민자 등을 멸시하는 망언을 하고 있다. 또 본인의 언동이 어떤 영향을 미칠지에 대한 상상력도, 타인의 아픔에 대한 공감 능력도 결여되어 있다. 빌딩 이름을 본인의 이름을 따서 '트럼프 타워'라고 한 점도 자기애성 인격장애의 특징 중 하나라고 할 수 있다.

또한 과격한 발언이나 배우 같은 행보로 주목받고 싶어 하는 트럼프의 성격은 연극성 인격장애의 특징이다. 일본의 핵무장을 사실상 용인한 과거 본인의 발언을 대통령 당선 후에는 '그런 적 없다'며 부정했는데, 이것도 주목을 끌기 위해 그 자리에서 과격하게 말하는 연극성 인격장애의 특징이 드러났을 뿐이라고 할 수 있다.

자기애성 인격장애와 연극성 인격장애, 이 두 가지를 가진 사람은 주위 사람을 아무렇지 않게 휘두른다. 트럼프도 대통령 선거에서 승리하자마자 오바마 정권이 추진해온 환태평양경제동반자협정TPP 탈퇴를 선언했다. 그 결과 몇 년에 걸쳐 지속되어온 각 국의 노력이 물거품이 되었다. TPP에 관해서는 찬반양론이 있었으므로 트럼프의 결단에 잘잘못을 따질 생각은 없지만, 적어도 그가 손바닥 뒤집듯 태연히 판을 엎는 인물이라는 점은 틀림없다.

또 그는 대만 총통과의 전화 회담에서, 중국 대륙과 대만이 모두 중국이라는 '하나의 중국' 원칙에 대해 '무역 문제

등에 대한 협상을 하지 않는다면 왜 우리가 하나의 중국 정책에 묶여 있어야 하는가'라는 의문을 제기했다. 이처럼 그는 지금까지의 외교 상식을 벗어나는 일을 예사롭지 않게 하고 있다.

물론 이런 행동을 '행동력과 결단력이 있다' 혹은 '상식에 얽매이지 않고 혁신적이다'라고 평가하는 입장도 있다. 대중의 분노나 욕망을 감지하는 트럼프의 능력은 가히 천재적으로, 그는 쇠퇴한 중산층의 불만을 이민자에 대한 적의로 교묘하게 돌리는 데 성공한 덕분에 대통령에 선출된 것이라 할 수 있다.

그래서 트럼프의 언동을 비판하지만 말고 대통령으로서 그 수완을 주의 깊게 지켜봐야 한다. 왜냐하면 그가 앞으로도 세계를 아무렇지 않게 휘두를 것이라고 단언할 수 있기 때문이다. 그는 굉장한 능력과 강한 권력을 갖고 있다. 영향력이 상당히 크다. 만일 그 영향이 악영향일 경우 전 세계에 막대한 폐를 끼칠 수도 있다.

세계 최강 국가인 미국에서 이런 인물이 대통령으로 취임했으니 트럼프를 닮은 '리틀 트럼프'가 이제 세계 어딘가에서 등장하지 않을까? 그렇게 되면 더욱 주의해야 한다.

4장

목표물이 되기 쉬운
사람의 특징

—— 지금까지 주위 사람을 아무렇지 않게 휘두르는 사람이 사용하는 방법과 그들의 정신 구조를 설명했다. 이들은 목표물을 찾아내는 후각이 매우 뛰어나다. 그도 그럴 것이 본인은 누구에게도 휘둘리지 않으면서 자신이 휘두를 목표물을 찾아내서 휘둘러야 하기 때문이다. 이 목표물인 휘둘리기 쉬운 사람과 휘두르는 사람의 상호관계 속에서 갖가지 사건이 발생한다.

문제는 휘둘리기 쉬운 사람이 자신이 목표물이 된 것을 눈치채지 못하고 스스로 함정에 빠지는 경향이 있다는 점이다. 연인이나 친구는 상사, 동료 혹은 형제, 이웃과는 달리 자신이 결정하는 관계임에도, 이들은 주위 사람을 아무렇지도 않게 휘두르는 사람과 친해져 온갖 고생을 한다.

휘둘리는 사람은 애정과 인내, 헌신을 가지고 상대를 대하면 지금의 상황이 바뀌리라 믿지만 현실은 그렇지 않다. 공교롭게도 휘둘리는 사람의 모든 노력은 오히려 휘두르는 사람을 부추겨 그들의 오만한 행동에 기름을 붓는 격이다.

그 전형적인 사례라고 할 수 있는 것이 앞서 1장에서 소개했던 파견사원 여성이다. 이 여성은 정직원인 남성에게 결혼을 미끼로 마구 휘둘리고 있는데, 약혼도 하지 않았으면서 가정부처럼 청소와 요리를 하고 돈까지 빌려준다. 그러면서도 태평하게 그 남성의 말을 따르고 있다.

그녀는 명백하게 이네이블러이지만 아직까지 깨닫지 못하고 있다. 주위에서 아무리 '그 남자한테 속고 있는 거 아냐?'라고 말해도 들으려 하지 않는다.

휘두르는 남성이, 휘둘리는 여성이 갖고 있는 환상을 실제로 이루어줄 수 있다고 믿게 만들기 때문이다. 이 여성의 경우에는 바로 결혼할 수 있다는 환상이다. 상대 남성은 결혼하고 싶다는 생각을 갖고 있는 여성에게 만족할 만한 환상을 지속해서 심어주면서 본인이 원하는 것은 손에 넣고 있다.

'결혼하고 싶다'는 희망이 마치 실현될 것이라는 환상을 품고 '결혼할 수 있어'라고 믿어버리는 현상을 정신의학에서는 '환상적 희망 충족'이라고 부른다. '환상적 희망 충족'에 빠지기 쉬울수록 다른 사람에게 휘둘리기 쉽다.

타인을 아무렇지 않게 휘두르는 사람은 흔히 이 환상적 희망 충족을 약점으로 삼는다. '사랑받고 싶다, 칭찬받고 싶다, 승진하고 싶다'처럼 무언가를 원하는 사람에게, 본인이라면 그 희망을 이루어줄 수 있다는 환상을 심어주면서 '그 소원 이루고 싶으면 이런저런 조건을 만족시킬 필요가 있어'라는 메시지를 슬며시 보낸다. 이는 뒤집어 말하면 '내가 내미는 조건을 만족시키지 않으면 너는 원하는 바를 얻을 수 없어'라는 메시지를 보내는 것이기도 하다.

당연히 애정 욕구나 사회적 승인 욕구가 강한 사람일수록 휘둘리기 쉽지만, 실제로 이것만으로 다른 사람에게 휘둘리지는 않는다. 그런 욕구와 더불어 다음 7가지 요인이 충족되면 휘두르는 사람이 놓은 덫에 걸리기 쉽다. 첫째 낮은 자기 평가, 둘째 곤란한 상황에 처함, 셋째 강한 욕구 불만, 넷째 타인에 대한 의존, 다섯째 고립, 여섯째 경고 사인 무시, 일곱째 공포다.

이 중 하나의 요인만 가지고 있다고 휘둘리는 일은 극히 드물다. 그러나 몇 가지 요인이 모이면 휘둘리기 시작한다. 그리고 많은 요인이 겹치면 휘둘리기 쉽다.

이번 장에서는 방금 전 이야기했던 파견사원 여성이 결혼 의사를 넌지시 비치는 정직원 남성에게 휘둘리는 상황을 자세히 살펴보면서 각각의 요인에 대해 분석해보자.

열등감에 사로잡혀
자기 평가가 낮다

—— 앞서 말했던 파견사원 여성을 떠올려보자. 먼저 자기 평가가 현저히 낮다. 쉽게 말하면 자신감이 없다. 이 여성의 경우에는 그 원인 중 하나가 어머니로부터 비롯되었다.

어머니는 "언니는 늘 잘하는데 너는…"이라며 사사건건 그녀를 언니와 비교하며 깎아내렸다고 한다. 그래서 그녀는 어릴 적부터 언니에게 강한 열등감을 갖고 있었다. 이 열등감은 취업에 실패하면서 더욱 강해졌다. 언니는 명문 대학을 졸업하고 대기업에 취업했지만, 그녀는 취업에 실패하며 정직원이 되지 못한 채 파견사원으로 여러 회사를 전전했다.

그녀의 열등감에 더욱 불을 붙인 사건은 바로 언니의 결혼이었다. 능력은 있었지만 외모는 평범한 언니를 보며 그녀는 내심 '내가 언니보다 공부는 못하지만 얼굴은 훨씬 낫지'라고 생각했다. 그래서 그녀는 언니의 결혼 상대보다 멋진 남성과 결혼해서 상황을 역전시킬 생각이었는데, 실제로 멋진 결혼 상대를 데려온 쪽은 언니였다. 남성이 압도적으로 많은 회사에서 일하는 언니는 취직하자마자 곧장 엘리트 직원과 결혼했다.

한편 그녀는 파견사원으로 여러 회사에서 일해왔지만 남성과 만날 기회가 자체가 적었다. 파견된 회사에서 맡은 일 대부분은 컴퓨터 자료 입력 혹은 고객센터 전화 응대로, 동료도 사수도 거의 여성이었으며 남성은 나이 많은 관리직뿐이었다. 따라서 언니처럼 결혼 적령기인 미혼 남성과 직장에서 만나는 기회는 좀처럼 찾아오지 않았다.

어머니는 그녀의 나이 서른이 넘어가자 지겨울 정도로 '빨리 결혼해'라고 재촉했다. 출산 후 얼마 안 있어 직장에 복귀하고 회사 일도 집안일도 모두 잘해내는 언니가, 연휴나 새해에 형부와 조카를 데리고 본가를 찾아오면 그녀는 또 스트레스를 받았다. 될 수 있으면 부모님 집에서 나와서 혼자 살고 싶었지만 파견사원 월급으로는 불가능한 일이었다.

곤란한 상황에
처해 있다

── 현재 그녀는 일적인 면에서도 곤란한 상황이다. 파견사원은 언제 회사에서 잘릴지 모른다. 실제로 파견된 회사의 실적이 악화되면 바로 계약을 철회하기 때문에 그때마다 근무처를 옮겨야만 했다. 그 탓에 이 회사 저 회사를 떠돌아다니고 있으며, 이렇다 할 만한 기술은 배우지 못한 채 30대가 되었다.

그녀는 20대 때 결혼하고 싶었지만 그러지 못했다. 결혼에 대해 손 놓고 있었던 것도 아니고 이런저런 노력을 해보았지만 안타깝게도 좋은 결과는 없었다. 우선 눈이 너무 높다. 단체 미팅 자리에서 알게 되거나 친구에게서 소개받은 남성을 형부와 비교하는 버릇이 생긴 탓이다. 학력, 직장, 연봉 등 여러 면에서 형부보다 떨어지면 결혼을 결심하지 못했다.

대학 진학에서도 취업에서도 언니에게 졌지만 결혼에서만큼은 지고 싶지 않다는 생각이 강했기 때문에 지금까지 결혼을 전제로 만난 남성이 몇 명 있었지만 결혼에는 이르지 못했다. 그런데 서른다섯 살을 눈앞에 두고 초조해하던 그녀 앞에 나타난 것이 바로 그 남성이었다.

강한 욕구 불만을
갖고 있다

──── 이 여성은 가정과 직장에 강한 욕구 불만을 품고 있다. 먼저 그녀는 걸핏하면 언니와 비교하며 자신을 걸고 넘어지는 어머니에 대한 불만을 토해냈다. 어머니는 툭하면 '빨리 결혼해'라고 하면서 사귀는 사람을 소개하면 나중에 꼭 '좀 더 좋은 대학이었으면 좋았을 텐데…', '별로 유명한 회사는 아니네' 하며 꼬투리를 잡았다. 그녀가 자신이 만나는 남성과 형부를 비교하게 된 계기는 바로 어머니 때문이다. 그녀는 '내가 결혼 못 하는 건 엄마 때문이잖아'라고 속으로 중얼거리기도 한다.

게다가 요즘에는 부모님 두 분 다 연로하신 탓인지 어머니가 노후에 대한 불안을 자꾸 입에 올린다고 한다. "아빠가 누워 지내게 되면 엄마 혼자서 아빠를 돌보는 건 힘들어. 그러니까 빨리 시집가지는 마렴", "엄마가 치매에 걸리면 엄마를 돌봐줄 사람이 너밖에 없어"라고 말하기 시작했다.

실제로 부모님의 간병이 필요해졌을 때가 오면 그녀가 결혼과 더욱 멀어지는 것은 불 보듯 뻔한 일이다. 어머니는 그녀가 나중에 간병해주기를 기대한다. 이 일로 그녀는 큰 압박감을 느끼고 있다.

이런 어머니의 행동은 자기중심적인 성격 때문이거나 혹은 1장에서 언급한 더블 바인드 메시지를 보내는 성향 때문이다. 또는 둘 다에 해당될지도 모른다. 어쨌든 어머니가 이런 말을 할 때마다 그녀는 '다 자기 멋대로야'라며 불만을 쏟아내고 있다.

직장에서도 그녀는 강한 욕구 불만을 갖고 있다. 특히 여성 정직원에 대한 불만이 강하다. 직원 중에 그녀보다 젊은 여직원도 있는데, 그녀에게 이런저런 업무 지시를 내린다. 이것은 정사원과 파견사원의 위치가 다른 이상 어쩔 수 없지만, 그녀는 받아들이기 힘들어한다. 특히 컴퓨터에 관한 지식이나 기술도 별로 없으면서 파견사원에게 잘난 척하며 명령하고 귀찮은 일을 미루는 정직원에게는 '일도 못하는 주제에 잘난 척은. 한 푼이라도 더 받으면 다 파견한테 미루지 말고 일 좀 해!'라며 소리치고 싶을 정도다.

이처럼 욕구 불만에 가득 찬 그녀에게 친절하게 대해준 사람이 바로 그 남성이었다. 그는 명문대 출신으로 장래 간부 후보라는 소문이 파견사원들 사이에서 파다했기 때문에 그녀가 그와 결혼하면 잘난 척하는 정직원에게 복수할 수 있다고 생각한 것도 무리는 아니다.

타인에 대한 의존에서
벗어나지 못한다

―― 이 여성이 가정과 직장에 불만을 쏟아내는 모습은 참으로 안쓰럽지만, 세상 모든 사람이 100퍼센트 만족스러운 상황에 놓여 있는 것은 아니다. 회사에 나가 일할 수밖에 없는 사정이 있거나 집안 문제로 고민하는 경우도 있다. 항상 순풍에 돛 단 듯 흘러가지만은 않는 것이 인생이다. 그래서 역경에 처했을 때 현재 상황을 개선하거나 스트레스를 해소하기 위해 지금 있는 곳에서 최선을 다할 수밖에 없다.

불만 가득한 일상을 조금이라도 바꾸기 위해서 그녀도 스스로 무언가 했다면 좋았겠지만, 유감스럽게도 그러지 않았다. 이직에 유리한 자격증을 딴다든지 남성을 많이 만날 수 있는 취미나 스포츠를 시작하라고 친구가 권유해도 그녀는 '귀찮아' 하며 거절했다.

개선을 위한 노력은 일절 하지 않은 채 백마 탄 왕자님이 나타나기만을 기다리는 여성일수록 자신의 눈앞에 나타난 남성을 이상화하는 경향이 강하다.

다른 만남의 기회도 없기 때문에 '이 사람밖에 없어'라고 믿기 쉬워서 그 남성의 결점은 못 본 척한다. 또 '이 사람을 놓치면 다음은 없을지도 몰라'라는 불안 탓에 상대가 터무니없는 요구를 해도 될 수 있는 한 들어주려고 한다. 그렇기 때문에 쉽게 휘둘리게 된다.

인간관계에서
고립되어 있다

—— 인간관계에서의 고립도 휘둘리기 쉬운 요인 중 하나다. 자신이 얼마나 불합리한 요구를 받고 있는지 얼마나 무시당하고 있는지는 다른 사람과 비교하지 않으면 알기 어렵다.

파견사원 여성의 이야기로 돌아가보자. 그녀는 파견사원이기 때문에 회사에서 친밀한 인간관계를 만들기 어렵다. 아니 그런 인간관계를 피해왔다. 그녀는 지금까지 다양한 회사에서 일해왔는데, 다른 사람이 그녀의 사생활에 참견하거나 아무 근거 없는 소문을 낸 적이 몇 번이나 있어 안좋은 기억으로 남아 있다. 그래서 별로 친밀하게 지내지 않는 편이 현명하다고 생각한다. 따라서 회사 사람들과 겉으로는 친하지만 이 남성 직원과의 관계를 상담할 수 있을 정도로 친한 동료는 없다.

그녀는 집에서도 고립되어 있다. 이야기한대로 어머니와는 사이가 좋지 않아서 상담할 수 없다. 그와의 일을 이야기하면 어머니는 '속고 있는 게 당연하잖아. 넌 그래서 안 된다니까'라고 말할 것이 뻔하다. 아버지는 나이가 들고 체력이 약해져서 예전보다 더 집안일에 신경 쓰지 않는다.

학창 시절 친구들에게라도 상담하면 좋을 텐데 그것도 좀처럼 쉽지 않다. 친구들 대부분이 아이를 키우고 있어서 그녀의 이야기를 들어줄 시간적 여유가 없다.

물론 결혼하지 않은 친구도 있다. 그러나 다들 정직원으로 일하고 있고 그녀처럼 파견사원으로 일하는 친구는 별로 없다. 실은 취업에 실패해서 정직원이 되지 못한 열등감을 아직까지 갖고 있어서 정직원 친구들은 그다지 만나고 싶지 않다.

무엇보다 그녀를 가장 고립시키는 것은 남에게 약한 모습을 보이고 싶지 않다는 일종의 '허영심'이다. 일에서 보람을 찾지도 못하고 행복한 결혼생활을 하고 있지도 않는 정체된 현재 자신의 모습을 보이고 싶지 않아서 어렸을 때부터 알던 친구들과 만나는 일은 될 수 있으면 피한다.

이처럼 고립된 생활은 본인을 다른 사람과 비교할 기회를 적어지게 해 눈앞에 있는 남성에게 과도한 환상을 갖게 만든다. 그렇기 때문에 남성에게 휘둘리기 쉽지만 역시 고립된 탓에 이 점을 지적하거나 알려줄 사람이 주변에 없다. 오히려 스스로 그런 사람을 멀리한다. 그 결과 자신이 휘둘리고 있다는 것을 눈치채지 못하고 결과적으로 상대의 폭주를 허용한다.

'이상해'라는
경고 사인을 무시한다

——— '날 소중하게 여기지 않는 것 같아, 내가 이런 일까지 해야 하나, 혹시 속고 있는 것이 아닐까….' 이런 식의 무언가 잘못된 듯한 느낌은 우리의 방어 본능이 알리는 경고 사인인데, 이 경고 사인을 무시하는 사람일수록 휘둘리기 쉽다. 경고 사인을 무시하는 이유는 주로 두 가지다. 바로 부인否認과 태만怠慢이다.

먼저 왠지 모르게 이상하다고 느끼면서도 그럴 리 없다고 부인한다. 파견사원 여성도 상대 남성의 방을 청소하면서 다른 여성의 머리카락을 몇 번이나 발견했지만 그래도 그가 하는 변명을 믿었다. 또 그에게 돈을 빌려주었을 때도 '돈이 목적 아니야?'라는 생각이 뇌리를 스쳤지만 '그럴 리 없어. 이렇게 다정한데' 하고 필사적으로 의심을 지웠다고 한다.

어쩐지 이상하다고 느끼면서도 묻고 따지는 일이 귀찮다는 심리가 작용해서 아무런 행동도 취하지 않는 것이다. 정리하자면, 본인의 태만으로 아무 조치도 취하지 않는 것에 변명하며 자기 정당화를 한다.

다른 예를 들어보자. 한 20대 남성은 수당 없는 야근을 밥 먹듯이 하고 월급도 제때 안 주는 회사에 근무한다. 이 남성은 자신이 일하는 회사가 최근 매스컴에서 화제가 된 악덕 기업이 아닐까 의심하지만, 가족이나 친구 혹은 변호사에게도 상담하지 않는다. 아침 일찍부터 밤늦게까지 회사에서 혹사당하고 기진맥진하여 자취집으로 돌아오면 바로 쓰러져 잠들기 때문에 상담할 시간적 여유가 없다. 게다가 이 정도 일로 가족에게 걱정 끼치고 싶지 않다는 마음도 있다. 또 친구들이 이런 회사에서 일할 수밖에 없는 자신을 어떻게 생각할까 싶어 아무에게도 말하지 않는다.

변호사와 상담하기에는 경제적으로 여유가 없다. 이를 게으름으로 치부하는 것은 너무 가혹하다. 하지만 아무런 조치도 취하지 않고 다양한 변명으로 본인을 정당화하는 모습은 현재 상황을 더 악화시킨다.

그는 '일일이 야근을 신고하면 회사에서 잘릴지도 몰라. 하지 않는 편이 낫겠어', '수당 없는 야근이나 밀리는 월급도의 사건을 변호사가 받아줄 리가 없어. 그럴 바엔 그냥 여기서 버티는 게 낫지'라는 생각을 갖고 있다.

주변에서 '야근 신고하고, 변호사에게 상담도 받고, 이직 준비도 하는 편이 좋겠어'라고 조언해도 그는 들으려 하지 않는다. 목석같은 자세를 고수하며 갖가지 핑계를 대며 상황을 개선하려는 노력은 하지 않고 오히려 하지 않는 편이 좋다고 믿고 있다.

많은 회사가 불합리한 취급을 받아도 불만도 개선 요구도 없이 그냥 묵묵히 일하는 직원을 원한다. 이런 자세는 사회가 바라는 바다. 옛날부터 이런 태도를 가진 직원들 덕분에 일본은 경제대국이 됐다. 그래서 이 남성 직원을 심하게 나무랄 수는 없지만 이대로라면 그는 앞으로도 회사에 휘둘리는 인생을 보내게 될 것이다.

자신이 속해 있는 조직에 휘둘리지 않기 위해서는 스스로 목소리를 내야 한다. 이를 위해 동료를 만들거나 외부의 제3자와 상담할 필요도 있다. 귀찮고 고생스러울 것이다.

경우에 따라서는 조직으로부터 반격을 당하고 곤경에 처할 지도 모른다. 그래도 아무 행동도 하지 않는 것보다는 낫다. 아무런 행동도 하지 않으면 '다루기 쉬운 사람'으로 여겨져 계속해서 휘둘릴 뿐이다.

제일 나쁜 것은 현재를 바꾸기 위한 노력은 하나도 하지 않는 자신을, '좋은 사람으로 남기 위해서 될 수 있으면 소란을 일으키지 않는 것이 좋다'는 핑계로 정당화하는 일이다.

'좋은 사람'으로 기억되고 싶다는 마음을 이해 못 하는 것은 아니지만, 그런 생각이 굳어지면 문제가 된다. 다른 사람을 아무렇지 않게 휘두르는 사람일수록 자신의 말을 잘 듣는 사람을 '좋은 사람'이라고 간주하고, 그 사람을 본인의 목적을 달성하기 위한 도구로 이용하기 때문이다. 당연히 '좋은 사람'으로 있으려고 할수록 휘둘릴 위험이 커진다. 이 사실을 명심해야 한다.

진실을 마주하는 데
공포를 가지고 있다

—— 휘둘리기 쉬운 사람은 흔히 두려움을 갖고 있다.

이 두려움은 진실을 직면하는 데서 오는 공포, 소중한 것을 잃을지도 모른다는 공포, 거절하면 어떤 일을 당할지 모른다는 공포, 이 세 가지로 나눌 수 있다.

먼저 가장 큰 두려움은 진실을 마주하는 데서 오는 공포이다. 결혼을 미끼로 휘둘리는 파견사원 여성도 상대 남성이 사실 결혼 생각이 없는 것이 아닐까, 바람피우는 것이 아닐까 하고 의심하면서도 직접 눈으로 확인하기를 두려워하고 있다. 그래서 그가 바람피운다는 증거가 눈앞에 있는데도 모른 척하는 것이다.

소중한 것을 잃을지도 모른다는 공포도 있다. 이 여성도 그와 헤어지는 일에 굉장한 두려움을 느끼고 있다. 그래서 가정부 취급을 받고, 돈까지 빌려주면서도 그의 요구를 거절하지 못하고 있다.

그뿐만이 아니다. 요구를 거절하면 어떤 일을 당할지 모른다는 공포도 있다. 이 여성이 무엇보다 두려워하는 것은 지금 다니는 회사를 계속 다닐 수 없을지도 모른다는 사실이다. 현재 근무하는 회사는 지금까지 일해왔던 회사들 중에서도 가장 지명도가 높고 입지 조건도 좋다. 그래서 주변 친구들이나 지인들이 직장 이름을 물어보면 약간 우쭐한 기분으로 답할 수 있어서, 파견이라고는 하지만 가능한 한

오래 다니고 싶어 한다.

또한 다른 회사로 파견 나가면 처음부터 다시 일을 배우고 인간관계를 쌓아야 하기 때문에 가능하면 지금의 회사에 계속 근무하고 싶은 것이 솔직한 마음이다. 그녀는 지금 다니는 회사의 정직원인 그와의 관계가 틀어지면 이 회사에 더 이상 다니기 힘들어질 위험이 있다.

휘두르는 측이 이러한 두려움을 부추기는 일도 적지 않다. 앞서 1장에서 상사가 부하 직원을 휘두르는 사례를 몇 가지 소개했다. 상사가 부하 직원을 위협하며 휘두르는 일은 꽤 흔한 일이다. 예를 들어 '내 말을 거역하면 승진 길은 막힌 거야', '그만두면 이 업계에서 다시는 일하지 못하게 만들어주지' 등의 위협적인 말로 두려움을 느끼게 한다.

공포를 느껴 꼼짝 못 하게 되면 그만큼 남에게 휘둘리기 쉽다. 상사는 '두려움에 의한 지배'를 무기로 부하 직원을 휘두르는 것이 당연하다고 생각하지만, 휘둘리는 부하 직원은 견디기 힘들다.

지금까지 이야기한 7가지 요인 중 몇 가지가 쌓이면 남에게 휘둘리기 쉽다. 그러므로 스스로를 돌아보고 짐작 가는 요인이 몇 개 있다면 남에게 휘둘리지 않게 조심해야 한다.

휘둘리고 있다는 사실을
깨닫지 못하는 것이 가장 큰 문제

—— 계속해서 남에게 휘둘리는 이유는 자신이 휘둘린다는 것을 깨닫지 못하기 때문이다. '경고 사인을 무시'하는 경우에는 특히 자신이 휘둘리고 있다는 점을 깨닫지 못한다. 그러므로 휘둘릴 때 어떤 사인이 나타나는지 잘 알아두어야 한다. 대략 다음과 같은 사인이 나타난다.

1) 그 사람과 같이 있으면 불편하다.

2) 그 사람에게 존중받지 못한다는 느낌이 든다.

3) 그 사람이 짜증 나거나 화가 난다.

4) 그 사람에게 당한 일이나 들은 말이 머리에서 맴돌아서 혼자 끙끙댄다.

5) 그 사람과의 사이에서 일어난 일에 대해 다른 사람에게 물어보고 싶지만 말하기 창피하다.

6) 머릿속에서는 '싫어'라고 생각해도 나도 모르게 '응'이라고 대답한다.

7) 그 사람의 제안을 받아들일 생각이 전혀 없었지만, 그 사람 앞에 서면 머리로 생각한 것과 전혀 다른 말을 한다.

8) 그 사람 앞에서 나답지 않은 말, 태도, 행동이 나온다.

9) 그 사람과 나 사이의 일에 확신이 서지 않는다.

10) 그 사람과 함께 있으면 꼼짝 못 한다.

11) 그 사람에게 나의 주장을 이해시키기에는 무리가 있다.

12) 그 사람과의 대화 전개에 가끔 놀랄 때가 있다.

13) 그 사람과 평범한 논의는 불가능하다.

14) 그 사람은 본인이 절대적으로 옳다고 믿고 있어서, 가령 그 사람이 틀렸어도 지적하기 어렵다.

15) 그 사람이 타협할 가능성은 거의 없다.

16) 내가 하지 않은 일로 그 사람이 나를 탓한다고 느낀다.

17) 그 사람이 한 일로 그가 나를 탓한다고 느낀다.

18) 그 사람이 나를 얕본다는 느낌을 받는다.

19) 그 사람이 나를 비웃는다는 느낌을 받는다.

20) 그 사람은 나에게 호의를 보이지만 사실은 적의를 품고 있다고 느낀다.

21) 그 사람과 만나고 싶지 않을 때가 있다.

22) 그 사람은 나에게 두려움을 준다.

23) 주변에서 내가 그 사람에게 속고 있다고 말한다.

24) 그 사람은 평소에는 웃고 있지만 때로는 표정이 급변해 소름 돋을 정도로 무서운 얼굴을 한다.

25) 그 사람은 원래 다른 사람에게 주려고 했던 선물을 나에게 준 적이 있다.

26) 그 사람을 믿지 못할 때가 있다.

27) 나의 의심이 심해졌다고 느낀다.

28) 그 사람이 나를 방해하고 있는 것 같다.

29) 그 사람이 뒤에서 내 험담을 하고 있는 것 같다.

30) 나는 그 사람과 멀어지고 싶으나 그가 나를 멀어지게 두지 않는다.

이 중 몇 가지가 해당하는가?

5가지 이상 해당하면 그 사람에게 휘둘리고 있을 가능성이 있다. 10가지 이상 해당하면 확실히 휘둘리고 있다. 20가지 이상 해당하면 지금까지 상당히 휘둘렸을 것이다. 그런데도 깨닫지 못했다면 경고 사인을 무시하고 있을 가능성이 크다.

이 30가지 사인은 휘둘릴 때 나타나는 초기 증상으로, 이 단계에서 눈치채고 그 사람을 경계하고 거리를 두면 더 이상 악화되는 것을 막을 수 있다.

그러나 초기 증상이 나타났음에도 자신이 휘둘리고 있다는 사실을 깨닫지 못하거나, 눈치챘다 하더라도 필요한 조치를 취하지 않으면 증상은 더욱 악화된다. 암에 비유하면 초기 암이라고 할 수 있다. 그러면 다음 증상이 나타난다.

1) 어떻게 하면 좋을지 몰라 쩔쩔매고 혼란스럽지만 이렇게 된 이유를 본인도 알지 못한다.

2) 모든 일에 자신이 없고 진짜 하고 싶은 일이 무엇인지 알지 못하며 혼자서는 결정 내리기도 생각하기도 어렵다고 느낀다.

3) 속고 있다는 느낌은 받지만 머리가 혼란스러워서 냉정하게 생각할 수 없다.

4) 그 사람과의 관계가 안 좋아진 것을 자기 탓으로 여기고, 그 사람이 자기를 미워하거나 그 사람에게서 멀어지고 싶다고 생각할 때마다 죄책감을 느낀다.

5) 자신에게 일어난 일을 부끄럽다고 생각하며 이야기하기도 무서워서 숨기고 자신감을 잃는다.

6) 감정이 불안정하고 과민해서 눈물을 흘릴 때가 있으며 과격해질 때도 있다.

7) 스트레스가 쌓이고 불안과 공포를 느낀다.

8) 기분이 안 좋고 사람을 믿지 못한다.

9) 남이 자신을 이해 못 한다고 생각하여 혼자 틀어박혀 있다.

10) 친구도 가족도 자신에게서 멀어지고 외톨이라고 생각하

며 고립감을 느낀다.

11) 자신이 가진 힘을 다 소비했다고 느껴서 의욕이 없고 안이 텅 비었다는 느낌마저 든다.

12) 그 사람에게 사랑받고 싶고, 그 사람에게 필요한 사람이라고 인정받고 싶은 마음이 강하다.

13) 그 사람이 부탁하면 자신의 한계를 인정하지 못하고 'NO'라고 말하지 못한다.

14) 그 사람이 나를 지배하고 조종하고 있다고 느껴서 그 점을 낮이고 밤이고 생각한다.

15) 그 사람과의 관계는 화를 부르겠지만 왠지 그 사람에게 매료되어 그 곁을 떠날 수 없다.

16) 그 사람과의 관계를 끊으려고 했으나 그러지 못한다.

17) 그 사람과의 관계의 의미를 모르겠으며 애초 자신이 그 사람과 엮인 이유도 모른다.

18) 가끔 그 사람을 없애고 싶다.

19) 폭력을 휘두르거나 누군가를 죽이는 꿈을 꾼다.

20) 그 사람에게 복수하고 싶을 때가 있다.

21) 주변에 내 편이 없다고 느낀다.

22) 가끔 미칠 것 같다.

23) 성욕이 사라진 것 같다.

24) 잠을 자지 못하고 괴로워하며 밤을 새운 적이 있다.

25) 식욕이 없고 살이 빠졌다.

26) 복통, 가슴 쓰림, 구토 등 소화기 이상 증상이 계속된다.

27) 근육이 항상 긴장되어 있고 머리도 아프다.

28) 심장이 빨리 뛰고 항상 두근거린다.

29) 생리불순으로 고민 중이다.

30) 몸이 나른하고 힘들지만 병원 검사 결과는 '이상 없음'이라 나온다.

이상 열거한 증상은 앞서 열거한 30가지 사인 가운데 몇 가지가 나타났음에도 자신이 휘둘리고 있다는 사실을 눈치 채지 못하고 손 놓고 방치한 결과다. 증상은 몸과 마음 양쪽에서 나타난다.

어느 한 가지 요인으로 휘둘리고 있다고 단정 지을 수 없지만, 위 증상 중 5가지 이상이 나타난다면 주의할 필요가 있다. 10가지 이상이면 중증, 20가지 이상이면 병원에 가서 진찰받아야 한다.

위의 체크리스트 마지막 30번 항목처럼 병원에서 진찰받아도 '이상 없음'이라는 결과가 나올 수 있다. 이때 많은 사람이 당황한다. 그러나 이 경우는 오히려 휘둘리고 있다는 유력한 방증이라고 봐야 한다. 왜냐하면 하도 휘둘려서 기력이 다했기 때문에 몸이 비명을 지르는 것인데, 이상 없다는 검사 결과 자체가 인간관계 스트레스로 인해 몸에 어떤 부조화가 생겼다는 뜻이기 때문이다.

자신이 휘둘리고 있다는 것을 눈치채지 못하면, 몸과 마음에 부조화가 생길 만큼 유해한 관계를 변화시킬 수도 없고 그 사람에게서 벗어날 수도 없다. 그러므로 방금 제시한 체크리스트를 참고해서 먼저 자신이 휘둘리고 있는지 확인해보기 바란다.

앞서 언급한 30가지 경고 사인을 부연 설명하자면, 어떤 사람에게 휘둘린다고 느낀다면 그 사람과의 관계를 한시라도 빨리 끝내야 한다. 그러나 주변 사람을 아무렇지도 않게 휘두르는 사람은 휘두르는 대상이 자신에게서 멀어지려 하면 강하게 만류한다. 지금까지 목표물을 소중히 하지 않고 오히려 깔보며 소홀히 했으면서 도망가려고 하면 방해하는 것이다.

이것은 앞서 1장에서 언급한 더블 바인드의 영향일지도 모른다. 목표물이 자신에게 가까이 오면 거부하고, 목표물이 자신에게 멀어지려 하면 매달린다. 그 때문에 휘둘리는 쪽은 더욱 혼란스럽고 꼼짝할 수가 없다.

휘둘리는 자신도 책임은 있지만
죄책감에 사로잡힐 필요는 없다

—— 휘둘리는 사람은 어디까지나 피해자다. 그럼에도 지금까지 휘둘리기 쉬운 사람의 요인을 지적했기 때문에 반감을 샀을지도 모르겠다.

독자들의 오해를 사지 않기 위해 강조하고 싶은 것은, 휘두르는 사람뿐만 아니라 휘둘리는 사람에게도 어떤 요인이 있다는 점이다. 물론 누구보다도 비난받아야 할 사람은 휘두르는 사람이지만, 지금까지 이야기했듯이 휘두르는 사람도 일정 부분 책임이 있고 둘의 상호관계 속에서 다양한 문제가 발생한다. 휘둘리기 쉬운 사람도 이 점을 확실히 인식할 필요가 있다.

왜냐하면 무엇보다도 같은 패턴으로 휘둘리는 '반복 강박'을 피하기 위해서다. 예를 들어 남성에게 휘둘리기 쉬운 여성은 비슷한 패턴으로 남성에게 돈을 빌려주거나 남성의 바람기 때문에 눈물 흘리는 상황에 처한다. 이 반복 강박에서 벗어나기 위해서 자신도 휘둘리는 것에 대해 일부 책임이 있다고 자각할 필요가 있다. 그러나 책임의 일부분이 자신에게 있다고 해서 죄책감에 사로잡힐 필요는 없다.

그러면 책임을 자각하는 것과 죄악감을 느껴 죄책감에 사로잡히는 것은 무엇이 다를까? 책임을 자각하는 것은 스스로의 선택이자 결단, 부인이자 무시, 합리화이자 환상이 자신이 휘둘리는 원인 중 하나라고 인정하고 현실을 제대로 마주하는 일이다.

결혼을 미끼로 휘둘리는 파견사원 여성을 예로 들면, 결혼에 대한 강한 희망, 상대 남성에 대해 품고 있는 환상, 눈앞의 진실을 인정하고 싶지 않다는 부정과 무시 등이 쌓이고 쌓여 지금의 상황을 만들었다는 '인정'이야말로 책임의 자각이라고 할 수 있다.

한편 죄악감이란 선(善)이라는 규범에서 일탈했다든지 자신의 가치관에 반하게 행동했다든지 머리로 나쁘다고 생각할 때 느껴지는 감정이다. 스스로를 괴롭히는 불쾌한 감정이며 불안을 동반한다.

이 차이를 이해하면 휘둘리기 쉬운 사람이 어떻게 행동해야 할지가 명확해진다. 이후 휘둘리지 않기 위해서라도 스스로 책임을 자각해야 하지만, 죄악감을 느껴 죄책감에 사로잡힌 나머지 '휘둘린 내가 나빴다'고 자신을 비난할 필요는 없는 것이다.

다만, 휘둘리기 쉬운 사람의 요인 중 하나인 낮은 자기 평가를 가진 사람일수록 죄책감에 사로잡히기 쉽다. 휘둘리기 쉬운 사람이 죄책감을 느끼고 때로는 자신을 휘두른 사람에게 용서를 구하기 위해서 속죄하는 경우도 있다.

휘둘리는 사람의 용서와 속죄 같은 행동은 휘두른 사람이 원하는 바다. 특히 교묘하게 타인을 휘두르는 사람일수록 목표물을 찾아내는 후각이 날카롭기 때문에, 자기 평가가 낮고 죄책감을 느끼기 쉬운 사람을 골라 일부러 죄책감을 심는다.

예를 들어, 자꾸 업무 지시를 바꿔서 부하 직원을 휘두르는 상사는 "자네가 기획서를 무책임하게 작성해서 제출해서 도중에 방침을 변경해야 하잖아", "자네가 낸 견적에서 현재 상태 파악이 제대로 되어 있지 않으니까 도중에 목표 수치를 낮춰야 하잖아"라고 말하면서 책임을 무조건 부하 직원에게 떠민다. 이 방법은 상대가 죄악감을 느끼기 쉬운 부하 직원일 때 빛을 본다.

정신없이 휘둘린 상태에서 죄책감이 더해지면 무력감에 빠진다. 지금까지 자신이 해온 일은 아무런 의미가 없고 자신은 존재 가치가 없다고 느끼기 때문이다. 침울하고 의욕도 사라져서 우울한 상태에 빠지기 쉽다. 그러면 판단력이나 결단력도 저하되어 휘두르는 사람의 불합리한 요구를 거절하기가 어려워지고 더욱 휘둘리게 된다.

자신이 느끼는 죄악감과
공포를 의심하라

—— 휘둘리기 쉬운 사람이 죄책감에 사로잡히면 그야 말로 좋을 게 하나도 없다. 더욱이 타인을 휘두르는 데 달인일수록 죄악감을 교묘하게 불러일으킨다. 그와 동시에 공포도 불러일으켜 목표물이 꼼짝할 수 없게 만든다.

휘둘리기 쉬운 사람은 자주 두려움을 느낀다. 이 두려움은 원래 본인이 갖고 있던 것도 있으나 휘두르는 사람이 교묘하게 심어놓은 것도 적지 않다. 목표물의 마음속에 죄악 감과 공포를 함께 일으키는 것이야말로 자책감에 빠지게 하는 함정이라고 할 수 있다.

그러므로 누군가에게 휘둘린다고 느끼지만 그와의 해로운 관계에서 좀처럼 벗어날 수 없는 경우, 자신이 느끼는 죄악감과 공포가 그 사람이 내뱉는 독은 아닌지 의심해야 한다.

5장

—

**더 이상
휘둘리지 않기
위하여**

—— 지금까지 주변 사람을 아무렇지 않게 휘두르는 사람이 사용하는 수단과 이들의 정신 구조 그리고 휘둘리기 쉬운 사람의 특징을 살펴보았다.

　여러 번 이야기하지만, 휘두르는 사람과 휘둘리기 쉬운 사람의 상관관계 사이에서 다양한 문제가 발생하기 때문에 먼저 자신이 휘둘리고 있다는 사실을 이해하는 일이 무엇보다 중요하다. 이를 알아차리지 못하면 유해한 관계 속에서 자신을 지킬 수도 그 관계에서 벗어날 수도 없다.

　그러나 실제로는 적지 않은 사람이 자신이 휘둘리고 있다는 사실을 알면서도 아무런 조치를 취하지 않고 계속해서 휘둘린다. 가장 큰 원인은 휘두르는 사람에게서 멀어지는 것에 대한 주저와 갈등이다.

주저와 갈등의 원인은 크게 두 가지로 생각할 수 있다. 먼저 휘둘리는 사람이 휘두르는 사람에게서 멀어지려고 할 때마다 상대방이 그가 떠나지 못하게 한다는 것이다. 예를 들어보자. 아내를 심하게 모욕하거나 폭력을 휘둘렀던 남편이 아내가 집을 나와 이혼 수속을 밟으려고 하면 눈물을 흘리고 무릎 꿇고 용서를 비는 경우가 그것이다.

혹은 직원에게 수당 없는 야근이나 주말 근무를 강요하며 실컷 부려먹은 악덕 기업의 경영자가 직원이 사직서를 내밀면 '처음부터 일을 가르치고 월급도 줬더니 그 은혜도 모르고 그만두다니, 다시는 이 업계에 발을 못 들이게 해주겠어!' 하고 협박하는 경우도 있다.

이런 일이 실제로 발생하지 않는다고 해도 휘둘리는 사람 마음속에는 주저와 갈등이 싹트기 쉽다. 주저와 갈등은 '그가 없어도 혼자 헤쳐나갈 수 있을까'라는 불안에서 피어나고, 이 불안은 휘두르는 사람의 지배력이나 영향력을 과대평가하면서 생겨난다. 때로는 휘두르는 사람이 자신을 실제보다 크게 보이려 본인의 힘을 과시해서 휘둘리는 쪽이 불안에 휩싸이는 경우도 있다.

어느 쪽이든 휘둘리는 사람은 주저와 갈등 사이에서 갈팡질팡할 수 있다. 휘두르는 사람에게서 멀어지지 않으면 자신이 망가질지도 모른다는 위협을 느끼고 그 사람과 거리를 두려고 하지만, 시간이 흐를수록 '나는 혼자서는 해나갈 수 없어'라는 불안이 싹트면서 좀처럼 그 사람에게서 멀어질 수 없는 것이다.

30대 전업주부인 한 여성은, 완벽주의인 시어머니와 같은 수준의 집안일을 요구하는 남편에게 매일 멸시를 당해 결국 아무것도 하기 싫어졌다고 호소하며 정신과를 찾았다. 그녀의 남편은 자신의 집안이 명문가라는 점과 가족 모두가 고학력인 점을 자랑스럽게 여겨서 툭하면 이 사실을 들먹였다. 심지어 '우리 집 상식이 세상의 상식'이라며 시댁의 상식을 고집했다.

무엇보다 그녀가 참을 수 없었던 것은, 남편이 전업주부인 자신과 회사 일과 집안일을 병행하면서도 집안일에 완벽을 추구했던 시어머니를 항상 비교한다는 점이다. '집안일을 이렇게 해서는 우리 어머니 발끝도 못 따라가', '당신은 맨날 집에만 있으면서 왜 밖에 나가서 일도 하신 우리 어머니보다 집안일을 못하는 거야?'라고 하는 등, 언제나 시어머니의 완벽한 집안일을 기준으로 삼고 그녀를 바보 취급한다고 했다.

그때마다 그녀는 견딜 수 없었지만 남편에게 인정받기

위해서 집안일을 더 열심히 했다. 그러나 아무리 열심히 해도 남편은 '우리 어머니 요리가 더 맛있어', '우리 집은 언제나 먼지 한 톨 없이 깨끗했어'라며 그녀의 노력을 끝까지 인정해주지 않았다고 한다.

나는 그녀의 이야기를 들으면서 이 남편이 추구하는 완벽한 집안일의 기준이 이상하리만치 높다고 느꼈다. 남편에게서 '아무리 아내가 전업주부라고 해도 그 정도까지 요구할까' 싶을 만큼 완벽한 집안일을 고집하는 모습이 보였다. 그래서 이렇게 조언했다. "가끔 쉬지 않으면 힘들어서 못 견뎌요. 모든 집이 매일 반짝반짝 쓸고 닦지는 않아요. 이웃집에 한번 물어보세요." 이후 그녀는 육아친구 중 전업주부 몇 명에게 집안일을 얼마나 하는지, 남편의 요구 수준이 어느 정도인지 물어보았고, 자기 남편의 높은 요구 수준에 깜짝 놀랐다고 한다.

그때 처음으로 그녀는 남편의 불합리한 요구에 자신이 완전히 휘둘렸다는 것을 깨달았다. 다음 진찰 때 "남편과 헤어지지 않으면 제가 어떻게 될 것 같아요. 남편에게 기를 전부 빨려서 내 안이 텅 빈 것 같아요. 남편은 제 가치를 계속 부정했고 인간 취급도 하지 않았어요"라고 말했다. 그러나 그로부터 한 달 뒤에는 또 갑자기 돌변해서 "역시 남편과 헤어질 수 없어요. 저는 경제력이 없으니까 이혼하면 아이가 힘들기만 할 거예요. 아이가 불쌍해요" 하고 하소연을 했다.

이혼을 주저하는 그녀의 마음을 모르는 것은 아니다. 육아와 집안일에 쫓기는 전업주부 여성이 경제적으로 자립하기란 참 어렵다. 전남편에게서 위자료나 양육비를 받지 못해 경제적으로 넉넉지 못한 싱글맘도 여러 명 보았다. 그러나 그녀가, 주위 사람을 아무렇지 않게 휘두르는 사람의 전형인 남편에게 경제적으로 의존하는 동시에 자신을 바보 취급하는 데 참을 수 없는 적의를 품은 '적대적 의존'에 빠져 있는 것도 사실이다. 그 때문인지 최근 들어 그녀는 기가 죽거나 의욕이 저하되는 등 우울증이 더 악화됐다.

이 여성처럼 휘둘리는 사람은 자신이 휘둘리고 있다는 사실을 깨달아도 그 사람에게서 벗어나려는 행동을 바로 실행에 옮기지 못한다. 특히 심적으로 약해져 있을 때는 그만큼의 결단력과 행동력이 없는 경우가 많다. 그러므로 휘둘리는 사람이 유해한 관계에서 해방되려면, 물론 휘두르는 사람과 싸울 필요도 있지만 스스로와도 싸워야만 한다.

그러면 이윽고 찰칵하고 스위치가 켜지는 순간이 찾아온다. 계기는 다양하다. 휘두르는 사람이 너무 심한 폭언이나 폭력을 행사했다거나, 영화나 드라마를 통해 정신이 번쩍 드는 경험을 하면 휘둘리는 사람은 '나는 나 스스로 지켜야 한다'고 뼈저리게 느낀다.

이번 장에서는 이럴 때 나를 지키려면 어떻게 해야 하는지 구체적인 방법을 제시한다. 처방전은 크게 두 가지로 나눌 수 있다. 생각하는 방법과 실제 대처법이다.

주위 사람을 아무렇지 않게 휘두르는 사람에게 어떻게 맞서면 좋을지 생각하는 방법을 배우는 것만으로도 '이렇게 생각하면 되는구나' 하고 마음이 가벼워질 수 있다. 더 나아가 구체적인 대처법으로 스스로를 지키는 기술을 몸에 익혀보자.

여기서 소개하는 처방전은 자신이 휘둘리는 일을 미연에 방지는 역할도 할 것이다.

나를 휘두르는 사람에게
사랑받을 필요는 없다

—— 휘둘리기 쉬운 사람은 자신도 모르는 사이 팔방미인이 된 경우가 적지 않다. 대부분 반사적으로 상대 욕망을 만족시키려고 한다. 이 점은 앞서 4장에서 이야기했듯이 낮은 자기 평가로 인해 다른 사람이 자신을 어떻게 생각하는지 등의 타인의 평가로밖에 자기 확인을 할 수 없기 때문이다.

즉, 낮은 자기 평가를 자신에 대한 타인의 평가로 보완하려 하기 때문에 이런 마음을 역으로 이용당하기 쉽다. 예를 들어 회사에서 상사들에게 '우수한 부하라고 인정받고 싶으면 귀찮은 일도 참고 해' 같은 메세지를, 동료들에게 '좋은 사람이라면 다른 동료 일도 도와줘야지' 같은 메시지를 암묵적으로 받는다. 여성의 경우, 남편에게 '좋은 아내라면 집안일을 완벽하게 하고 내가 뭘 하든 잔소리하지 말아야지' 같은 메시지를, 시어머니에게 '좋은 며느리라면 내가 우리 아들 일이나 손주 교육에 참견해도 토 달지 마라' 같은 메시지를 받는다.

받은 메시지를 곧이곧대로 받아들여서 그대로 행동하면 마구 휘둘린다는 사실은 조금만 생각해도 알 수 있지만, 만약 상대에게 조금이라도 잘 보이고 싶다면 오히려 상대가 원하는 것을 짐작해서 이를 만족시키려고 한다.

그 자체가 휘둘리는 근본적인 원인이다. 이 점을 먼저 정리해야 한다. 다음과 같은 질문을 던져보고 싶다. 당신에게 민폐를 끼치거나 당신을 공격하는 사람은 당신에게 진정 중요한 사람인가? 그 사람에게 사랑받는 일은 당신에게 정말로 필요한가?

그 사람이 나를 어떻게 생각하든 상관없다. 상황에 따라 그 사람을 미워할 수 있다면 그 사람을 '상관없는 사람' 리스트에 넣어야 한다. 이렇게 맺고 끊기를 시작하면 그 사람에게 인정받고 싶다거나 사랑받고 싶다는 생각에서 벗어나 그 사람의 불합리한 요구를 거절하고 휘둘리는 관계에서 해방될 것이다.

이 맺고 끊음이 주위 사람을 아무렇지 않게 휘두르는 사람에게서 해방되기 위한 첫걸음이다. 아직 상대를 좋아하는 연인 사이나 부부 사이에서는 이것이 불가능할 수도 있다. 프로이트가 논문 〈집단 심리학과 자아 분석〉에서 지적하듯, 사랑이라는 감정이 그 대상을 '과대평가'하기 때문이다. 누군가에게 반한다는 것은 그 대상에 대해서 '비판력을 잃고, 그 대상의 모든 성질을 사랑하지 않는 인물이나 혹은 그 대상을 사랑하지 않았던 시기와 비교해서 더욱 높이 평가한다'는 것과 다름없다. 즉 상대를 '이상화'하여 '제 눈의 안경'이 되면 잘못된 판단을 내리기 쉽다.[10]

이런 예는 상당히 많다. 아무리 휘둘려도 그 사람을 사랑하는 동안에는 '아무래도 상관없는 사람' 리스트에 넣기가 어렵다. 그 좋은 예가, 몇 번이나 언급한 결혼을 미끼로 휘둘리는 파견사원 여성이다. 그녀는 아직 상대 남성에게 푹 빠져서 계속 농락당하고 있다.

그녀를 보면 '이것이야말로 연애의 덫인가' 하고 뼈저리게 느낀다. 비슷한 덫에 걸린 사람이 적지 않을 테니 한 가지 말해두자면, 미국 임상심리학자 조지 사이먼George Simon이 지적했듯이, 머니퓰레이터manipulator(휘두르는 사람)는 '상대를 한 단계 뒤떨어진 위치에 묶어두려 한다.' 그리고 '사람의 약점이나 불안정한 감정을 조종하는 일에 달인이며 그 정체를 알아채는 사람은 거의 없다.'[11]

이 점을 잊지 말고 4장에서 언급한 사인이나 증상이 나타나면 하루라도 빨리 맺고 끊는 결단을 내릴 것을 권한다.

나 하나의 영향력은
그다지 크지 않다

—— 앞서 4장에서 말했듯이 휘둘리기 쉬운 사람은 쉽게 죄책감을 느낀다. 자기 평가와 더불어 자신의 영향력을 과대평가하기 때문이다.

죄책감을 갖기 쉬운 사람은, 회사에서 문제가 생겼을 때 '내 책임이야. 내가 제대로 했더라면 이런 문제는 일어나지 않았을 텐데'라고 생각한다. 주위 사람을 아무렇지 않게 휘두르는 상사는 부하 직원의 이런 사고방식을 이용하여 '자네가 문제야', '자네 책임이야' 등으로 책임을 물어 자기 보신을 꾀한다. 이런 상사 밑에 있으면 부하 직원은 자기에게 잘못이 있다고 믿어버린다.

여기서 한 가지 말해두자면 '당신 한 명의 실수로 회사 전체가 무너질 만큼 당신의 영향력은 크지 않다'라는 것이다. 물론 실제로 실수를 저질렀을 수도 있다. 실수에 책임을 느끼는 것은 당연하다.

그러나 '전부 내가 잘못했어'라며 책임을 느끼는 것은, 반대로 '내가 열심히 하면 모든 일이 잘 풀린다'는 환상적 만능감이다. 일이란 대부분 혼자서 하는 것이 아니라 모두가 힘을 모은 결과이고, 다양한 원인과 여러 사람의 잘못으로 문제가 발생한다.

그럼에도 불구하고 죄악감을 쉽게 갖는 사람은 실제 벌어진 사실 그 이상으로 자신에게 책임이 있다고 느낀다. 자신에게 책임이 있다고 믿게 되는 경우도 있지만, 두 경우 다 눈앞의 사태를 객관적으로 평가할 수 없다. 이런 사태를 만들지 않기 위해서는 어디까지가 내 책임인지 정확하게 파악해야 한다. 이 작업은 다른 사람에게 휘둘리지 않기 위해서 꼭 필요하다. 그러나 많은 사람이 이 작업을 힘들어한다.

회사원인 한 20대 여성은, 어머니의 과도한 참견 때문에 골머리를 앓고 있다. 마음속으로는 '적당히 좀 해!' 하고 소리치지만, 항상 어머니의 안색을 살핀다고 한다. '오늘 엄마

얼굴 표정이 어두운데 혹시 내가 같이 쇼핑을 안 가서 그런 가? 아니면 빨리 결혼하라고 맨날 말해도 내가 결혼할 생각이 없어서 그런 건가?'라며 눈치를 본다는 것이다.

그녀는 어머니에게 '착한 딸'이라는 칭찬을 받고 싶은 욕망이 강해서인지, 어머니의 작은 변화에도 민감하다. 그래서 무엇이든 자기 탓이라고 믿는 경향이 있다. 어머니는 그녀의 이런 성격을 이용해서 교묘하게 죄책감을 갖게 하고 본인 생각대로 딸을 조종한다.

이 여성처럼 되지 않기 위해서라도 본인의 책임 범위를 명확하게 인식해야 한다. 눈앞의 현실을 가능한 한 객관적으로 관찰하는 연습이 필요하다.

또 '내가 문제야', '나에게 전부 책임이 있어'라는 생각이 들 때는, '내가 내 영향력을 과대평가하고 있는 것은 아닐까', '환상적 만능감에 사로잡힌 것은 아닐까' 하고 자문해 보아야 한다.

무엇보다 자신의 영향력은 그렇게 크지 않다고 생각해야 어깨에 힘 빼고 마음 편히 살 수 있지 않을까.

휘둘려서 괴로워하는 것보다
싸우는 것이 낫다

—— 휘둘리는 사람들은 '되받아치지 않는다고 책임을 나에게 떠넘긴다', '나만 손해 보는 역할을 한다', '내가 부리기 쉬워 보이는 것 같다' 등의 불평불만을 쏟아낸다. 이런 불평불만은 휘둘리는 당사자의 진짜 속마음일 것이다. 그러나 휘두르는 사람의 말대로 행동하는 것이 편하다고 믿는 경우도 있다.

이렇게 말하면 남에게 잔뜩 휘둘려 지쳐 있는 사람에게 '편하다니 말도 안 돼! 나는 완전 악몽 같은데!'라는 반감을 살지도 모르겠다. 허나 거절하지 않고 상대가 말하는 대로 행동하기를 선택하면, 일이 잘 풀리지 않았을 때 적어도 자신의 마음속에서는 '내 탓이 아냐'라는 변명을 할 수 있다. '사실 나는 하고 싶지 않았고 할 수 없다고 생각했는데 억지로 하게 됐어. 그러니 잘 풀리지 않아도 내 탓이 아냐' 하고 도망칠 구멍을 남겨놓기 때문에 책임을 회피하는 동시에 자기애에 상처 입는 일에서 자신을 지킬 수 있다.

이런 식의 자기 방어는 흔히 볼 수 있다. 앞서 3장에서 언급했듯이 주위 사람을 아무렇지 않게 휘두르는 사람은 특권 의식과 지배 욕구가 상당히 강하며 오만하므로, 이들에게 반기를 드는 데는 에너지가 필요하다. 따라서 아무리 그들에게 반대 의사를 내비쳐도 아무것도 변하지 않는 경우가 많기 때문에 '귀찮다. 아무 말도 하지 말고 그냥 그 사람이 하자는 대로 하자' 이렇게 마음을 바꾸기 쉽다. 이런 상황은 어쩔 수 없지만, 휘두르는 사람의 말대로 하는 사람에게도 확실히 싸움에서 도망치는 측면이 있다.

전업주인인 한 30대 여성은, 외아들의 단점이 눈에 보일 때마다 그녀를 비난하는 남편에게 아무 말도 하지 않는다. 남편은 집안일과 육아는 조금도 하지도 않으면서 아들이 부족하다고 느끼면 '당신이 잘못 키웠어' 하며 아내를 나무란다. 심지어 결점이 아닌 부분까지 걸고넘어진다. 상냥한 성격의 아들은 기가 세지 못해서 스포츠보다 독서를 좋아하는데, 남편은 이를 협동심이 없다는 증거로 해석한다는 것이다.

이 남편은 사사건건 본인의 모교를 자랑한다고 한다. 아내 눈에는 남편이 본인보다 학벌이 안 좋은 자신을 인간적으로도 뒤떨어진다고 생각하는 것처럼 보인다. 뿐만 아니라 남편이 친정 부모와 친구들을 포함한 모든 사람을 이런 시각으로 보기 때문에 견딜 수가 없다.

이 남편이 아들의 허점을 찾아내서 타박하거나 본인의 학력을 자랑해서 깎아 내리는 이유는 아내보다 우위에 서고 싶기 때문이다. 본인의 우위성을 과시하지 않고는 못 배기는 성격은 남을 아무렇지 않게 휘두르는 사람의 특징 중 하나다.

문제는 아내가 남편에게 한 마디 대꾸도 하지 않고 싸움에서 도망치고 있다는 점이다. 남편이 아들의 결점을 찾아내서 그녀를 몰아세워도 '아이가 상냥한 것은 오히려 장점이야'라든지 '각자의 개성이 있는데, 스포츠가 맞지 않을 수도 있지' 하고 아이를 두둔하지 않는다. 오히려 "기 좀 살리게 스포츠 교실에 보내. 협동심도 좀 기르게"라고 남편이 말한 대로 아들을 수영 교실에 보낸다.

이런 상황은 아내가 남편에게 공포심을 느끼고 무슨 말을 해도 소용이 없다는 무력감을 느끼기 때문에 일어났다. 그 마음이 이해는 가지만, 그 탓에 아들이 남편을 무서워하고 "수영은 배우고 싶지 않은데…. 수영장에 가지 않으면 아빠한테 나쁜 아들이 되는 거지?"라고 묻는 일마저 있다고 한다. 그녀는 아들을 위해서라도 남편의 비난과 명령에 반대 의견을 내고 아들을 보호해야 하지 않을까?

누구나 집안을 시끄럽게 만들고 싶지는 않다. 그렇기 때문에 가능하면 대항하지 않고 피하려고 한다. 이런 경우 문제가 생겼을 때 자신이 책임을 지지 않아도 되고 대응하자니 귀찮아서, 일단 상대가 말하는 대로 하려고 하는 심리가 발동한다.

나도 그런 경험이 있다. 나는 어렸을 때 책 읽기를 좋아해서 인문대에 진학해 기자나 작가가 되고 싶었다. 그러나 부모님 특히 어머니는 내가 의사가 되기를 바라셨다. 우리 집이 의사 집안은 아니지만 의사인 친척이 꽤 부유하게 살았고, 내가 자란 시골에서 고수입 직업이라고 하면 의사밖에 없었기 때문에 부모님이 이런 욕심을 가진 것 같다.

나는 이런 부모님에게 제대로 대응하지 못했다. 진로 희망 조사 때 '인문대 희망'이라고 써서 제출했는데, 부모님이 이를 아시고 "인문대에 가서 뭐 하게? 취업도 안 되는데. 어차피 작가가 될 수 없잖아. 의대에 가도록 해"라며 호되게 꾸중했다. 어머니는 본인이 생각한 행복이 딸에게도 행복일 거라 믿고 있어서 자신이 원하는 바를 딸에게 강요하는 부분이 있었고, 나는 '무슨 말을 해도 들어주지 않겠지'라고 생각했다.

그 당시의 내 심리를 분석하면 다음과 같다. 먼저 부모님 말씀을 거역하고 인문대에 진학했는데 취업이 되지 않으면 그 책임은 온전히 내가 져야 하기 때문에 부모님 말대로 의대에 진학하는 편이 안전하다고 생각했다. 또 어떤 대학이라도 대부분 인문대보다 의대 쪽이 등급이 더 높기 때문에 의대에 들어가면 사람들에게 자랑할 수 있다고 생각했다. 그리고 무엇보다 부모님에게 인정받고 칭찬받고 싶다는 마음이 강했다.

결국 부모님 희망대로 의대에 진학했으나 결과는 그다지 좋지 않았다. 의대에서 하는 공부나 실습은 내가 진짜로 하고 싶은 공부와 달랐고, 의사가 적성에 맞는지 고민했다. 그래도 어떻게든 의대를 졸업하고 국가시험도 패스했지만, 그 뒤로도 가시밭길이 기다리고 있었다. 의사가 되고 수년간 나는 의사가 적성에 맞지 않는다고 생각하고 진짜로 그만둘까 고민했다.

그즈음 어머니가 내게 맞선을 보고 결혼해서 시골로 내려와 개업하라고 권유했다. 그 뒤 어머니가 나 몰래 개업할 자리를 보러 다닌다는 이야기를 듣게 되었다. 어이가 없었다. 더 이상 어머니의 욕망에 휘둘려서는 안 된다고 생각해 이후로는 무슨 일이든 어머니의 제안을 계속해서 거절했다. 물론 어머니는 그 뒤로도 "시골로 돌아와서 개업하면 좋을 텐데" 하며 불평하지만, 그때마다 나는 마음속으로 '엄마의 행복과 내 행복은 달라. 내가 시골로 내려가서 개업하면 엄마는 좋을지 몰라도 나는 안 그래'라고 생각한다.

내 경험을 되돌아보면, 대학에 진학할 때 부모님과 좀 더 대립했어야 했다. 나는 인문대에 진학해 기자나 작가가 되고 싶었던 내 마음에 더 충실해야 했으나, 부모와의 싸움을 피했기 때문에 결국 힘든 시간을 보냈다.

우여곡절 끝에 나는 글쓰기로 생계를 이어가고 있고 책도 나름대로 잘 팔리고 있다. 물론 글 쓰는 데 정신과 의사로서의 임상 경험이 도움 되고, 이 책의 집필 역시 내가 정신과 의사이기 때문에 가능하다고 생각한다. 사실 무엇보다 의대를 졸업하고 정신과 의사로서 일해온 지금까지의 인생을 전부 부정하는 것은 나 스스로에게 참 어려운 일이다. 그런 자기부정은 하고 싶지 않다.

하지만 만약 내가 의사 외길만 고집해서 어릴 적부터 꿈이었던 글쓰기는 하지 못한 채 현재를 맞이했다면 '내 인생은 무엇인가'라는 자기 결핍감에 휩싸였을 것이다.

남을 거스르지 않고 휘둘리는 편이 편하다며 싸움에서 도망치는 사람에게, 나는 크게 소리치고 싶다. '거절해야 할 때 거절하지 않고, 싸워야 할 때 싸우지 않으면 나중에 크게 후회한다'고. 싸움을 피하는 것은 얼핏 보면 편할지 모르지만 길게 보면 그렇지 않다.

자기 인생에 대한 책임은 다른 누군가가 아닌 스스로 져야 한다. 나는 이것을 경험을 통해 몸으로 깨달았다. 그래서 남에게 휘둘려서 괴로워하기보다 차라리 싸우는 편을 추천한다.

아무리 조심해도 안 좋은 소리는 들을 수밖에 없다

—— 앞서 4장에서도 이야기했듯, 남에게 휘둘리기 쉬운 사람은 낮은 자기 평가 탓인지 '미움받고 싶지 않다', '안 좋은 소리 듣고 싶지 않다'라는 생각이 다른 사람보다 강하다. 그래서 아무리 남에게 휘둘려도 화내지 못하고 혼자 속으로 삭인다.

누구라도 자신에 대한 안 좋은 소리를 들으면 기분이 좋지 않다. 될 수 있으면 듣고 싶지 않다. 그러나 이는 불가능하다. 아무리 주변을 신경 쓰고 상대를 배려해서 행동하고 남에 대한 안 좋은 소리는 한 마디도 하지 않아도, 나에 대한 안 좋은 소리를 들을 수 있다.

한 30대 여성이 얼마 전 굉장히 놀란 일이 있었다. 육아친구 중 한 명에게 "요즘 자기 치맛바람이 세다는 소문이 들리던데? 자기 기가 좀 세긴 하니까 그렇게 오해받을 수도 있긴 하지만"이라는 자신에 대한 좋지 않은 소문을 들었기 때문이다. 이 여성은 굉장히 배려하는 성격이다. 그런데 자신과 사이가 제일 좋은 육아친구가 그런 안 좋은 소문을 퍼트려서 영문을 통 모르고 있었는데, 나중에 그 이유를 겨우 알게 되었다.

안 좋은 소문을 낸 육아친구가 "요즘 ○○네 엄마랑 사이가 좋은가 보네" 하고 냉랭하게 말한 적이 있는데, 아무래도 본인보다 사이가 좋은 육아친구가 생겨서 그녀가 질투한 것이 틀림없었다. 이 여성은 자기 아이가 따돌림 당할까봐 모든 육아친구와 사이좋게 지내는 것을 제일 중요하게 생각하고 부탁을 받으면 가능한 한 거절하지 않으려 했는데, 이런 배려가 오히려 화를 불러일으킨 것이다.

육아친구 모두와 사이가 좋으면 '오지랖이 넓다', '좋은 사람인 척한다' 같은 뒷담화가 나온다. 그것이 싫어서 육아친구 몇 명만 사귀고 다른 육아친구의 부탁을 거절하기라도 하면 '도도하게 군다', '친해지기 어렵다'라고 좋지 않은 소리를 듣는다. 이래도 안 좋은 소리, 저래도 안 좋은 소리를 들으니 험담을 듣지 않기 위한 노력은 헛수고라고 여겨야 한다.

특히 육아친구 커뮤니티는 질투와 선망이 뒤섞인 세계이며 무슨 일을 해도 좋은 소리를 듣기 힘들다. 내 지인인 30대 여성은 이혼한 뒤 혼자서 딸을 키운다. 남들에게 만만하게 보이고 싶지 않아서 딸 입학식에 단 한 벌 있는 고급 브랜드 정장을 입고 갔다. 그러자 '잘 보이려고 고급 정장이나 입고 오고', '자기가 잘 번다고 자랑하고 싶은 건가' 같은 험담을 들었다고 한다. 그 말에 질려서 졸업식에는 캐주얼하게 입고 갔더니 이번에는 또 '그렇게 캐주얼하게 입고 오다니 때와 장소에 맞게 행동해야지', '싱글맘은 이래서 안 된다니까'라는 험담을 들었다고 한다.

그녀는 이 경험을 통해, '비싼 옷을 입든 캐주얼한 옷을 입든 어차피 욕먹는데, 더 이상 그들이 무슨 말을 해도 신경 쓰지 말자. 싱글맘이라고 색안경을 끼고 보는 사람과는 어울리지 않으면 되지'라고 결심했다.

나도 비슷한 경험이 있다. 어느 사립대학에 근무할 때의 일이다. 우연히 TV에 출연할 기회가 생겼다. TV 출연 이후 '가타다 선생님께 진찰 받고 싶은데 어떻게 해야 하나요'라는 문의 전화가 대학으로 쇄도했다. 원래 진찰 문의는 내가 근무하고 있는 병원으로 해야 하기 때문에 대학에서는 이

문의에 제대로 대응하지 못했을 것이다. 이 일로 나는 대학 관계자 몇 명에게 "그렇게 아무 말 없이 TV에 나가시면 사무 대응에 문제가 생겨요"라는 불만 섞인 소리를 들었다.

내가 TV 출연에 응한 이유 중 하나는 '대학 홍보'를 위해서였는데 이런 반응이 돌아오니 당혹스러웠다. 출생아 수 저하로 대학이 수험생을 모집하기 위해 열을 올리고 있는 요즘, 대학 지명도를 올리는 데 도움이 되고 싶다는 마음으로 출연 제의를 받아들인 것이다. 그리고 그 TV 출연이 대학 홍보가 된 것도 분명하다. 그럼에도 불구하고 돌아온 것은 불만과 안 좋은 말이었으니 나는 내 귀를 의심했다.

그래서 다음 TV 출연 때는 근무지인 대학명을 삭제하고 '정신건강의학과 의사'라는 직함만으로 나갔다. 그러자 이번에는 '본인만 유명해지면 다인가', '자기밖에 생각할 줄 모르네', '대학에 고마움은 없나 봐'라는 말을 들었다.

결국 무슨 일을 해도 안 좋은 소리를 듣는다. 왜냐하면 안 좋은 소리를 하는 사람의 마음 깊은 곳에는 선망이 자리 잡고 있기 때문이다. 라 로슈푸코는 선망이란 '다른 사람의 행복에 대한 참을 수 없는 분노'라고 했는데 이 같은 명언이 또 없다.

많은 의사나 학자가 매스컴에 나와 주목받고 싶다는 욕

망을 몰래 품고 있다. 하지만 그 욕망이 실제로 채워지는 경우는 별로 없기 때문에 같은 조직 내에서 매스컴에 후광을 입은 사람이 있으면 뒷담화의 주인공으로 삼고 싶어 한다.

이에 대한 효과적인 대처법은 없다. 그러므로 험담을 듣지 않도록 노력하는 일은 지금 당장 그만두었으면 한다. 애초에 악담을 듣지 않으려는 발상 자체가 '내가 노력하면 악담을 듣지 않을 수 있어'라고 믿는다는 증거이다. 이런 생각이 자신을 배신했을 때 받는 충격은 굉장히 크기 때문에 빨리 남김없이 버려야 한다.

선망은 모두의 마음속에 싹트는 것이므로 누구나 악담을 한다. 대놓고 험담하는 것이 차라리 나을지도 모른다. 뒤에서 쑥덕거리거나 마음속으로만 구시렁거리는 사람이 더 많다. 그러므로 '아무리 신경 써도 안 좋은 소리는 들을 수밖에 없다'는 사실을 명심해야 한다.

자신의 대한 안 좋은 이야기가 돌고 있다는 사실을 알게 되면 누구라도 상처받는다. 그럴 때일수록 상대가 왜 내 험담을 했는지를 객관적으로 분석할 필요가 있다.

사람은 누군가를 폄하해서 상대적으로 자신의 가치를 높이려고 하는가 하면, 쉴 새 없이 누군가의 험담을 하면 본인은 험담을 듣지 않을 것이라 믿기도 한다. 이런 욕망과 생각을 뒤에서 서술할 '분석 버릇 들이기'라는 대처법으로 대응해야 한다.

그래도 악담의 충격에서 헤어나지 못할 때는, 악담을 한 사람이 트집을 잡는 이유가 그 자신에게 결점이 많기 때문은 아닐까 하고 의심해보자. 무엇보다 악담을 하는 것 자체가 그의 큰 단점일 수밖에 없기 때문이다.

그럴싸한 정의만큼
수상한 것도 없다

—— 정의正義라고 하면 좀 과장일지도 모르지만, 자신이 옳다고 확신하는 사람일수록 주위 사람을 아무렇지 않게 휘두른다.

앞서 1장에서 소개한 상대 영역을 아무렇지 않게 침범하는 사람들이 그 전형이라고 할 수 있다. 딸이 사는 아파트에 멋대로 드나드는 어머니, 주말부부로 집에 돌아오면 늘 청소나 정리를 시작하는 남편, 정년퇴임 후 세세한 규칙을 정해서 아내에게 강요하는 남편이 그들이다. 3장에서 소개한 자기 가치관을 다른 사람에게 강요하는 사람들도 그 전형이다. 자기 의견을 며느리에게 강요하는 시어머니나 자신의 육아법을 육아친구에게 끊임없이 추천하는 여성이 그렇다.

모두 정도의 차이는 있지만 이들은 본인이 옳다고 믿고 있다. 그만큼 더 성가시다. 본인은 어디까지나 올바른 주장을 하며 실천한다고 믿고 있으며 그 행위가 상대에게 얼마나 피해를 주는지 생각하지 않는다.

최근 특히 독선적인 정의를 내세우는 사람이 늘고 있다. 인터넷의 출현 이후 이 경향은 현저히 두드러졌으며 불상사가 생길 때마다 인터넷상에서 그 관계자를 맹렬하게 공격한다.

이런 공격 중에서도 눈에 띄는 것이 '민중의 지팡이라더니 범죄자 소굴', '공무원은 월급 받고 일 안 하냐', '선생은 학교폭력을 보고도 그냥 넘어간다', '기초생활수급자는 일할 수 있으면서 안 하고 돈 받아 간다' 같은 난폭한 댓글이다.

분명 이 중에는 범죄를 일으키는 경찰관, 그다지 일하지 않는 공무원, 학교폭력을 보고도 모른 척하는 선생, 일할 수 있으면서 일하지 않는 기초생활수급자도 있을지 모른다. 그러나 성실히 일하는 경찰관도 있으며, 몸이 가루가 될 정도로 일하는 공무원도 있다. 또 학교폭력에 정면으로 맞서는 선생님도 있으며 지병과 장애 때문에 정말로 일할 수 없는 기초생활수급자도 있다.

그럼에도 불구하고 '모두 나쁜 놈이다'라는 악플로 상대를 심하게 비난하는 사람이 늘고 있다. 인터넷에서는 익명을 방패 삼아 본인의 분이 풀릴 때까지 상대를 공격할 수 있기 때문이다. 그렇다고 해도 '○○는 □□다'라는 욕설로 사건 관계자 일부를 일반화하여 나쁜 부류로 취급하고, 타인을 선동하여 목표물을 향해 악플을 던지는 모습을 보면 실로 놀랍다. 이런 과잉 공격에 열을 올리는 이유는 본인이 주장하는 비방이 어디까지나 옳다고 믿기 때문이다.

이와 같은 과잉 공격의 칼날은 불륜을 범한 유명인에게도 향한다. 2016년 일본에서는 '불륜'이 유행어 순위에서 높은 순위를 차지할 만큼, 불륜 사건이 끊이지 않았고 관련 유명인에 대한 사람들의 분노나 공격은 어마어마했다. '불륜은 악惡'이라는 정의正義를 내세운 공격이 일어났고 나는 그런 사람들의 반응에 위화감을 느꼈다.

바람피운 것이 발각되면 배우자에게 제대로 사과하고 속죄해야 한다. 불륜은 부부 사이의 신뢰관계를 무너트리는 행위이므로 어디까지나 부부 문제라고 생각한다. 당사자들끼리 논의해야 할 일이며 생판 남이 이러쿵저러쿵 말하며 끼어들 문제가 아니라는 것이 내 지론이다.

그러나 현실에서는 불륜과 직접적인 관계가 없는 사람이 흥분한다. 불륜이 발각된 남편을 용서하고 결혼생활을 지속한다고 발표한 아내에게 '어째서 용서해주는 거야'라며 분노의 화살이 옮겨갈 때도 있다.

왜 불륜 당사자가 아닌 사람이 화를 내는 것일까? 이런 분노의 기저에 숨어 있는 것은 대체 무엇일까? 이 의문을 파헤쳐보면 결국에는 '불륜은 악'이라는 정의를 내세우며 남을 공격하는 사람의 마음속에 숨어 있는 선망과 욕망이 드러난다.

일단 '괘씸하다', '용서할 수 없다'고 목소리 높이며 맹렬히 공격하는 사람의 마음속에는 선망이 잠재되어 있을 가능성이 높다. 본인은 하고 싶어도 할 수 없는 것, 하고 싶은데 참고 있는 것을 다른 누군가가 손쉽게 해버린 경우에 이 남의 행복이 참을 수 없는 분노로 바뀌는 것이다.

다만 결혼하지 않은 사람과 결혼한 사람은 그 심리에 작은 차이가 있다. 결혼하지 않은 사람, 특히 결혼을 못한 사람이 결혼한 사람의 불륜을 비난하는 경우, 자신은 한 번도 결혼하지 않았는데 불륜을 저지른 쪽은 적어도 한 번은 결혼했고 그런 상황에서 또 다른 이성과 관계를 갖는 것이 괘씸하다는 심리가 작용하기 쉽다.

많은 사람들이 '나는 결혼을 못한 것이 아니라 안 하는 것뿐'이라고 주장한다. 생각해보면 많은 부부가, 서로 불평불만을 늘어놓으며 지금의 혼인 제도가 진정 각 개인에게 행복을 가져다주는 시스템인지 몹시 의문을 갖는다. 따라서 결혼하지 않겠다는 선택지도 당연히 존재한다.

그러나 주체적으로 비혼非婚을 선택했다 하더라도 결혼하지 않는 일로 주변의 눈치를 받고 열등감을 느끼는 사람이 불륜을 비난하는 데에는 이유가 있다. 결혼 제도라는 틀에서 사회의 승인받는 동시에 다른 이성과도 육체적 관계를 갖는 그들만의 '향락'을 용서할 수 없는 것이다.

한편 결혼한 사람이 다른 사람의 불륜을 맹렬하게 공격하는 경우에는 선망뿐만 아니라 자기 정당화라는 욕망도 작용한다. 부부생활에서 중요하다고 여겨지는 성실함은 끝없는 유혹을 뿌리쳐야 지킬 수 있다는 것은 결혼한 사람이라면 누구나 알고 있다. 그렇기 때문에 불륜 욕망을 마음속 깊은 곳에 숨기면서 참을 수밖에 없거나 실행에 옮길 수 없는 사람일수록 다른 사람의 불륜을 용서하지 못한다.

그리고 불륜이라는 타인의 '악'을 집요하게 공격해야 본인에게는 그런 '악'이 없다는 듯이 행동할 수 있다. 특히 성실해야 할 책임을 서로 나누어 가진 배우자 앞에서 타인의 불륜을 공격하면 본인에게는 불륜 같은 꺼림칙한 욕망은 없다고 자기 합리화할 수 있다.

독일의 철학자 니체가 지적했듯이, '불륜은 악'이라는 정의를 주장하는 많은 사람은 '복수를 정의正義라는 아름다운 이름으로 성스러운 것으로 치부하려 한다.' 그들은 마치 '재판관을 가장한 복수의 화신'이며 '정의라는 단어를 독이 있는 타액처럼 끊임없이 입안에 모으고 있다.'[12]

도대체 무엇에 대해서 복수하려고 하는가? 선망의 대상인 유명인이 손에 넣은 성공, 명성, 부 등을 손에 넣지 못한 본인의 가혹한 운명에 대해서다. 그렇기 때문에 유명인의 불륜이 보도됐을 때 이래도 되나 싶을 정도로 심하게 비난하며 조롱하지 않으면 분이 풀리지 않는다.

이런 메커니즘이 '불륜은 악'이라는 정의를 주장하며 공격하는 사람 마음속 기저에 깔려 있다는 사실을 알게 되면 매스컴에서 신나게 다루는 불륜 사건도 냉정한 시선으로 바라볼 수 있지 않을까.

그럴듯한 정의야말로 주의해야 한다. 그럴듯한 정의를 내세우는 사람일수록 주위 사람을 아무렇지 않게 휘두르면서 양심의 가책도 죄책감도 느끼지 않기 때문이다. 정의는 내 편이라고 생각하면 공격을 정당화하기 쉽고 얼마든지 공격적으로 변한다.

정곡을 찌르자면 그들 자신의 공격을 정당화하기 위해서 정의를 목소리 높여 부르짖는다 할 수 있다. '테러와의 전쟁'이라는 정의를 내세우는 미국이 중동에서 전쟁을 시작했고 이 전쟁이 시리아 내전과 IS의 탄생을 유발시켰다. 역사를 되돌아보면 얼마나 많은 전쟁이 정의의 이름을 가지고 행해져왔는지 알 수 있다.

독선적인 정의를 휘두르는 사람의 옳음을 의심 없이 곧이곧대로 받아들이면 분명 말도 안 되는 일이 벌어질 것이다. 언뜻 봐서 그럴듯해 보이는 정의만큼 수상한 것도 없고 위험한 것도 없다는 사실을 잊지 말아야 한다.

주위 사람을 아무렇지 않게 휘두르는 사람에게 맞서기 위해서는 이런 생각을 가져야 한다. 때로는 싸울 각오도 필요하다. 이어서 실제 대처법을 구체적으로 이야기하겠다.

주위 사람을
분석하는 버릇을 들여라

—— 우선 주위 사람을 아무렇지 않게 휘두르는 사람을

철저하게 분석하고 관찰하자. 즉 분석하는 버릇을 들여야 한다.

그러면 두 가지 장점이 생긴다. 하나는 주위 사람을 아무렇지 않게 휘두르는 사람과 같은 시선으로 같은 범주에서 마주하지 않을 수 있다는 것이다. 다른 하나는 학술적으로 관찰하는 습관이 생겨 상황을 감정적으로 받아들이지 않게 된다는 것이다.

예를 들어, 한 남성 상사를 떠올려보자. 이 상사는 기분파로 그때그때 기분이 크게 다르다. 그가 기분이 안 좋으면 부하 직원은 위축되고 직장 분위기는 안 좋아진다. 또 기분에 따라 지시를 내리므로 부하 직원이 일을 진행하는 데 어려움을 느껴 효율도 떨어진다. 특히 장기 프로젝트일 경우, 그의 기분이 바뀌면 지시도 바뀌어서 나중에 내용을 대폭 수정해야 할 때가 많고 그러면서 심각한 문제로 발전되기 쉽다. 그러나 이 상사는 본인이 기분파라는 자각이 전혀 없다. 기분에 따라 부하 직원에게 호통을 치거나 간사한 목소리로 칭찬을 하는 통에 직원 모두 전전긍긍하고 있다.

이런 상사는 보는 것만으로도 스트레스가 쌓인다. 어째서 이렇게 스트레스를 받는가? 상대와 같은 곳에 서서 상황을 감정적으로 받아들이기 때문이다. 많은 사람은 대부분의

사건을 감정적으로 받아들인다. 그래서 감정이 동요된다.

사실 감정 동요가 제일 큰 스트레스지만 누구에게나 감정이 있기 때문에 전혀 동요되지 않는 것은 무리다. 그래서 될 수 있으면 학문적인 관점에서 상대를 관찰해서 분석하는 것을 추천한다. 다음과 같은 식이다.

'이 상사가 본인의 감정을 컨트롤할 수 없는 이유는 욕구 불만을 처리하는 능력이 낮기 때문인 것 같다. 심지어 기분대로 지시를 내리는 것이 얼마나 심각한 영향을 끼치는지 인지하지 못하는 걸로 봐서 상상력도 결여되어 있다고 할 수 있다. 게다가 부하 직원을 혼내도 본인은 특별하니까 괜찮을 거라는 특권 의식도 있는 것 같으며 자기애도 꽤나 강해 보인다. 자기 도취형 나르시시스트일지도 모른다….'

이와 같이 분석하는 버릇을 들이고 발휘하면 심한 감정 동요에 의한 스트레스가 다소 줄어들 것이다. 이 책에서는 지금까지 남을 마구 휘두르는 사람의 수단과 정신 구조에 대해서 설명했는데, 전부 이와 같은 분석에 필요한 재료를 제공하기 위해서였다. 여기까지 읽은 독자는 남을 휘두르는 사람에 관한 지식이 다른 사람보다는 풍부해졌을 것이다. 그러므로 여기서 얻은 지식을 근거로 주위 사람을 분석해보라. 그러면 스트레스를 줄일 수도 있고 정신 건강을 지킬 수도 있다.

의심의 눈초리를 갖는 것도
필요하다

—— 휘둘리기 쉬운 사람은 좋은 의미로든 나쁜 의미로든 솔직하고 순수하다. 당연히 그 자체는 훌륭한 미덕이지만 주위 사람을 휘두르는 사람에게 맞서기에는 부족하다. 모든 일을 의심하는 것도 스스로를 지키기 위해 필요하다.

상사가 일에 관해 무엇인가 알려줬다고 하자. 그럴 경우 솔직하고 순수한 사람은 '나를 생각해서 알려주셨구나', '일부러 시간을 내서 내가 일을 쉽게 할 수 있게 해주었어', '진짜 감사하다'라고 생각할 것이다.

실로 굉장한 반응이다. 그러나 이때 '내게 가르쳐주면 상사에게 어떤 메리트가 생기는 거지?', '상사는 무엇을 위해서 나에게 이걸 가르쳐준 거지?'라는 약간 심술궂은 시선으로 보는 것도 필요하다.

그러면 '이 상사는 가르쳐주면서 자기가 나보다 위에 있다는 것을 확인하는 거구나', '자기 지식을 자랑하고 싶어

하는 타입이라 사회적 승인 욕구와 자기애가 강할지 몰라',
'나를 가르치고 성장시키면서 상사로서 자기 평가를 높이
고 싶은 것인가', '나에게 일을 전부 위임하면 나중에 본인
이 편해질 거라고 생각하는지도 몰라' 같은 답이 머릿속에
떠오르지 않을까?

물론 멋대로 상상한 것이 전부 진실은 아니다. 하지만 만
일 틀렸다고 할지라도 마음속에서 한 상상은 현실에서 그
렇게 큰 손해를 끼치지 않는다. 중요한 것은 상황을 항상
다른 시각으로 보고 상대의 속셈을 찾는 연습을 계속해야
한다는 점이다.

이런 생각하고 있으면 사람을 못 믿게 되고 성격이 삐뚤
어질 것 같다고 생각할 수도 있다. 그러나 사리사욕 없는
사람은 드물고, '너를 위해', '네 생각해서'를 특히 강조하
며 진정으로 상대를 생각하는 것처럼 행동하는 사람일수록
실제로는 상대를 본인 마음대로 조종하고 싶은 욕망을 숨
기고 있다. 휘둘려서 엄한 상황에 직면하고 싶지 않으면 이
쓸쓸한 진리에서 눈을 돌리면 안 된다.

의심하는 눈초리로 상대를 관찰하기 위해서는 '왜 이렇
게 말하지?', '속으로 무슨 생각을 하고 있는 거야?' 항상 자
문하는 편이 좋다. 입바른 소리를 하고 실제로는 본인 생각

밖에 하지 않으며 뒤로는 악담을 하거나 발목을 잡는 사람들은 발에 채일 정도로 많다. 그런 사람에게 휘둘리지 않기 위해서라도 항상 의심의 눈초리로 그 속내를 읽어내길 바란다.

부분 교섭을
시도하라

—— 주위 사람을 아무렇지 않게 휘두르는 사람은 본인 말대로 하는 사람을 목표물로 삼는다. 그렇다면 어떤 사람이 남의 말대로 쉽게 행동하는가? 앞서 언급했듯이 '자기 평가가 낮은 사람'이다. 즉 자신감이 없고 자기 평가가 낮은 만큼 상대의 말대로 하기 쉽다. 당연히 휘둘리기도 쉽다.

자기 평가가 낮은 사람일수록 '나는 어차피 안 돼', '잘될리가 없어'라고 생각하기 쉬우며 상처받기 두려워서 싸움에서 도망친다. 내가 대학 진학 시기에 부모님에게 제대로 맞서지 않았듯이, 일이 잘 풀리지 않았을 때 책임지고 싶지 않아서 선택과 결단을 남에게 미룬다. 말하자면 실패를 상정하고 보험을 들어놓는 것으로 일종의 자기 방어라고 할 수 있다.

　우리 모두는 자기 스스로 지켜야 하기 때문에 이런 자기 방어를 부정할 생각은 없다. 다만 일이 제대로 풀리지 않았을 때를 대비해서 보험만 들고 싸움에서 도망치기만 하면 주위 사람을 아무렇지 않게 휘두르는 사람에게 더욱 이용당할 뿐이다. 그렇게 때문에 이는 진정한 의미의 자기 방어라고 할 수 없다. 이 모순을 깨달아야 한다.

　더욱 구체적으로 어떻게 대처하면 좋은지 이야기해보겠다. 지금까지의 인생에서 대항하지 않고 도망친 사람에게 '남이 말하는 대로 하는 것이 편하다는 생각은 버려', '자신감을 가지고 맞서봐'라고 조언해도 바로 실천할 수는 없을 것이다. 그래서 '살짝 맞서보는 것'을 추천한다. '맞서다'라는 단어가 주는 어감이 강하다면 '살짝 교섭하는 것', 즉 '부분 교섭'이라고 해도 좋다.

　예를 들어 회사에서 상사가 일을 지시했다고 해보자. 실제로 상사가 무리하게 일을 시키면서 "○○씨 이 일 좀 부탁해"라고 말했을 때, 지금까지는 "네"라고 답하며 순순히 받아들이고 겨우 뒤에 가서 '이렇게 바쁠 때 이런 일까지 맡아야 해?', '제대로 진행 안 돼도 내 탓 아냐' 하며 푸념을 늘어놓기만 하지는 않았는가?

이런 성격을 조금 바꾸어보자. 이 시간부터는 "지금 좀 바빠서요, 내일 하면 안 될까요?" 하고 시간적인 교섭을 한번 시도해보자. 혹은 "지금 다른 건을 처리하고 있어서 전부 못 할 거 같은데 이 부분만 먼저 해도 될까요?" 하고 일의 양이나 레벨을 살짝 교섭하는 방법도 있다.

애초에 부하 직원을 아무렇지 않게 휘두르는 이기적인 상사일수록 바쁜 부하 직원에게 무턱대고 일을 던져놓고는 나중에 '아직 안 했어?', '이런 수준으로 뭘 하겠다는 거야'라며 툴툴거린다. 이때 '다른 일로 바빠서요'라고 부하 직원이 답하면 '변명하지 마' 또는 '그럼 왜 처음부터 말 안 했어'라며 화를 낸다.

부분 교섭은 이런 상황을 개선할 때 유용한 수단이다. 전부 거절하지 않고 교섭하며 일부를 거절하는 연습을 하다 보면 교섭력이 늘 것이다. 그렇게 되면 다양한 경우에 응용할 수 있게 된다.

이 교섭력은 특히 하고 싶지 않은 일이나 대신하기 힘든 상황에서 부탁받는 경우 거절하지 못해 곤란한 사람에게 분명 강력한 무기가 된다. '오늘은 안 되지만 모레까지라면 할 수 있습니다', '혼자서는 힘들지만 누군가 도와준다면 가능할 것 같아요', '전부 하기에는 무리지만 여기까지라면 가능합니다', '○○ 씨가 이 부분을 해주면 나머지는 제가 하겠습니다' 같은 말하기 연습으로 조금씩 자기주장을 할 수 있게 된다.

그러면 상대도 '이 사람은 자기 할 말은 하는구나'라는 인상을 받고 이것저것 시키려고 하지 않기 때문에 휘둘릴 일도 줄어든다. 즉, 좀 귀찮은 사람이 되자. 그러기 위해서라도 부분 교섭을 시도해보길 바란다.

제3자를 이용하여
반드시 증거를 남겨라

—— '말했다, 말하지 않았다' 하는 문제는 주위 사람을 아무렇지 않게 휘두르는 사람과의 사이에서 자주 일어난다.

예를 들면, 상사가 말한 대로 진행했는데 문제가 발생했을 경우, '나는 그런 지시 내린 적 없어' 하고 상사가 발뺌할 때가 있다. 진짜 지시했다는 사실이 드러나면 책임 문제로 발전하므로 그것을 피하기 위한 자기 보신 욕구라고 생각된다. 또 본인에게 잘못이 있다고 느끼고 있지만 이를 부정하기 위해서 더 공격적으로 변하는 것일 수도 있다.

어느 쪽이든 이런 상사와 마주하면 어떤 형태로든 불똥이 튈 수 있다. 이런 사람과 지내는 법은 구체적으로 두 가지 방법밖에 없다. 하나는 문서나 메일로 소통하기, 다른 하나는 일대일로 소통하지 않기다. 둘 다 증거를 남기기 위해서다.

방금 언급했듯이 본인이 옳다고 확신하는 사람일수록 주위 사람을 아무렇지 않게 휘두른다. 게다가 남이 그 사람의 실수나 잘못을 지적하면 이를 부정하기 위해서 기를 쓰고 자기 정당화하려 한다. 그러므로 이런 사람의 주장을 정정하는 일은 굉장히 어렵다.

상사에게 "하지만 이렇게 하라고 지시하셨잖아요", "말씀하신 대로 했을 뿐인데요"라며 울먹이며 말해봤자, 상대는 "그럴 리 없잖아", "변명하지 마"라고 받아친다. 이 상황까지 오면 더는 말이 통하지 않는다고 봐야 한다.

이런 사태를 방지하고자 '중요한 지시는 잊지 않기 위해 메일로 한 번 더 보내주시겠습니까?'라고 말하거나 어떤 형태로든 문서로 만들어 공유하는 대응책이 필요하다.

또는 스스로를 지키기 위해 주위 사람을 휘두르는 사람과는 가능한 한 일대일로 소통하지 않고 제3자를 통할 필요도 있다. 이것으로 문제를 완전히 피할 수 있다고는 할 수 없지만 적어도 예방책은 될 수 있다.

'말했다, 말하지 않았다' 문제로 상황이 심각해질 것 같으면 그때는 몰래 대화를 녹음할 각오까지 해야 한다. 오버라고 생각할지도 모르겠지만 주위 사람을 아무렇지 않게 휘두르는 사람 중에는 자기 보신을 위해서라면 평범한 사람은 믿기 힘든 엄청난 말을 태연히 입 밖으로 꺼내는 사람도 많다. 그런 상사 때문에 퇴직하거나 강제 인사발령을 받게 되는 사태도 생기니 '나는 내가 지킨다'는 확고한 신념을 가져야 한다.

자신의 진짜 욕망을
확인하라

—— 나는 도대체 무엇을 하고 싶은 걸까? 혹은 내가 진정 원하는 것은 무엇일까? 그것을 모르기 때문에 남이 말하는 대로 행동하고 결국 휘둘리게 된다. 즉 휘둘리기 쉬운 사람은 자신의 욕망이 무엇인지 잘 모르며 주위의 누군가가 말하는 대로 하기만 하면 적어도 그것이 크게 나쁘지 않다고 생각한다.

이는 일본인들의 특징이기도 하다. 동료 집단의 압력이 강한 일본 사회에서 서양인처럼 자기주장이 강한 사람은 배제당하기 쉽다. 오히려 일본에서는 주위에 맞추는 것이 미덕이라고 여겨진다. 자신의 욕망을 표현하면 '이기적'이라든가 '경박하다'고 비난받는다.

따라서 일본인은 외국인과 비교해서 휘둘리기 쉽다고 할 수 있다. 특히 어릴 적부터 '착한 아이'로 자라려고 노력하고 어른이 되어서도 '좋은 사람'으로 있으려 하는 사람은 보통 사람 이상으로 휘둘리기 쉽다. 왜냐하면 '착한 아이'란 부모나 선생님의 욕망을 만족시키려고 하는 아이이며, '좋은 사람'이란 직장에서나 가정에서나 주변 누군가의 욕망을 만족시키고 하는 사람이기 때문이다.

'착한 아이'와 '좋은 사람'은 본질적으로 자기 자신의 욕망보다 '타인의 욕망'을 우선시하므로 필연적으로 자신의 욕망을 억누를 수밖에 없다. 그로 인해 생기는 갈등이 싫다면 '타인의 욕망'을 채우는 것이야말로 자신의 욕망이라고 믿어버린다.

프랑스의 정신분석학자 자크 라캉이 '인간은 타인의 욕망을 욕망한다'라고 말했듯이, 우리는 모두 많든 적든 '타인의 욕망'을 받아들이면서 자신의 욕망을 형성해간다. 예를 들어, 의사가 되길 원하는 부모의 욕망을 받아들인 아이는 의사가 되고 싶다는 욕망을 갖는다. 혹은 만화《거인의 별》처럼 아버지는 아들이 프로 야구선수가 되길 원하고 그 욕망을 이어받은 아들은 아버지에게 특훈을 받기도 한다.

자주 이런 식으로 욕망이 형성되기 때문에 그것을 나쁘다고 단언할 수는 없으나, 타자의 욕망만 받아들인다면 자신의 욕망은 갖지 않은 채 부모의 꼭두각시가 될 위험이 있다. 또는 과거의 나처럼 부모의 욕망을 만족시키기 위해 의사가 됐지만 그것이 과연 옳은 선택이었나 고민하게 될지도 모른다.

무엇보다 무서운 점은 '착한 아이'나 '좋은 사람'으로 있으려고 '타인의 욕망'을 만족시키는 일만 신경 쓰면 주위 사람을 아무렇지 않게 휘두르는 사람에게 이용당하기 쉽다는 것이다. 심지어 휘두르는 사람은 날카로운 후각으로 목표물을 찾아내기 때문에 자신이 타인의 욕망 채우기를 최우선으로 삼고 있다면 주의가 필요하다.

지금 바로 '나는 진짜 무엇을 하고 싶은가?', '나는 진정 무엇을 원하고 있는가?' 자문해보자. 자기 욕망을 확인하기 위해서다.

물론 자신의 욕망을 알고 있다고 해서 그것을 당장 만족시키는 것은 현실적으로 불가능한 경우가 많다. 그럼에도 자신의 욕망을 인지하고 그것이 남의 욕망과 다른 경우 '아니야'라고 말하는 연습을 조금씩 하다 보면 계속해서 휘둘리는 인생에서 벗어나는 첫발을 내딛게 된다.

점점
무시해라

—— 휘둘리기 쉬운 사람은 올곧다고 해야 할까, 남을 무시하지 못하는 경향이 있다. 상대가 무언가를 말하면 곧이곧대로 받아들여 그대로 하려고 노력한다. 그럼에도 상대가 만족하지 못하고 더 불합리한 요구를 하면 그것마저 만족시키기 위해 더욱 노력한다. 이런 성격은 악용당하고 그 결과 악순환에 빠져 계속 휘둘리게 된다.

이것이 휘둘리기 시작하는 전형적인 패턴이다. 그렇기 때문에 먼저 처음에 곧이곧대로 받아들이지 말고 무시하는 것이 중요하다. 상대가 무슨 말을 할 때 겉으로는 '그랬어요?', '굉장하네요', '힘들었겠어요' 하고 적당히 대답하고 속으로는 '그래그래, 수고했다', '똑같은 말을 몇 번이나 하는 거야. 적당히 좀 해라', '거 참 시끄럽네'라고 무시해보자. 이렇게 하면 스트레스 받을 일도 휘둘릴 일도 없다.

하지만 사실 무시할 수 없기 때문에 고민하고 휘둘린다. 가장 큰 원인은 역시 맺고 끊기가 불가능하기 때문이다. 이번 장에서 맨 처음 이야기한 것이 '자신을 휘두르는 사람에게 사랑받을 필요는 없다'라는 생각인데 이런 맺고 끊음이 가능해지면 더 간단히 무시할 수 있게 된다. 자기를 스스로 지키기 위해서라도 인간관계를 정리하고 어찌되든 상관없는 사람은 점점 무시하면 된다.

사이가 멀어질
결심을 하라

—— 주위 사람을 아무렇지 않게 휘두르는 사람에 대한 대처법으로 무엇보다 중요한 것은 그 사람을 가까이 하지 않는 것이다.

그러나 휘두르는 사람이 직장 상사나 동료, 이웃이나 친척, 때로는 가족이면 이만큼 골칫거리도 없다. 가까이 하고 싶지 않은데 그럴 수 없다. 친구나 연인이라면 절교하거나 헤어진다는 선택지도 있지만 그렇지 않은 때도 있다.

앞서 5장에서는 이럴 때 할 수 있는 생각과 대처법을 소개했다. 생각과 대처법대로 행동해도 상황이 전혀 개선되지 않을 때도 있을 것이다. 오히려 더 악화될지도 모른다. 그때는 주위 사람을 아무렇지 않게 휘두르는 사람과 멀어질 결심을 해야 한다. 직장이라면 인사이동을 요청하거나 퇴직 의사를 밝히는 결단, 가정이라면 집을 나오거나 이혼한다는 결단, 이웃이나 친척의 경우 가깝게 지내지 않는다는 결단이 필요하다.

물론 신중하게 결단을 내려야 하며 가능하면 피해야 한다. 이런 결정적인 결단을 피하기 위해 그전에 취해야 할 행동을 이번 장에서 소개했다고 할 수 있다. 그러나 정신 못 차릴 정도로 휘둘려서 앞서 4장에서 언급한 증상으로 고민하고 있다면 슬슬 결단을 내릴 시기다. 무엇보다도 스스로를 지키기 위해서.

마치며

＊＊＊＊＊

—— 새로운 미국 대통령으로 취임한 도널드 트럼프의 말과 행동을 보고 있으면 주위 사람을 아무렇지 않게 휘두르는 사람의 전형이라고 생각된다.

기자회견에서 특정 미디어 기자에게 "당신 회사는 엉망이야. 질문하지 마. 당신 기사는 다 가짜 뉴스야!"라고 소리치고 질문을 받지 않거나, 트위터에서 멕시코에 생산 거점을 둔 자동차 회사를 반복적으로 비판한다. 무슨 일이든 자신의 생각대로 움직이지 않으면 못 견디는 모양이다. 그럼에도 세계 최강국이라는 절대 권력을 손에 쥐고 있기 때문에 무시할 수 없는 노릇이어서, 멕시코로의 공장 이전 계획을 철회한 유명 자동차 브랜드도 있다.

이런 상황을 보고 있자면 주위 사람을 아무렇지 않게 휘두르는 사람이 민폐인 이유는 권력이나 영향력을 가지고 있기 때문이라고 생각된다. 트럼프가 무엇을 말해도 그에게 권력이나 영향력이 없다면 '시끄러운 아저씨네. 조용히 좀 하지'라고 마음속으로 중얼거리면서 무시하면 그만이지만, 권력자이기 때문에 그의 발언에 귀를 기울여야 한다. 그래서 성가시다.

정도의 차는 있겠지만 주위 사람을 아무렇지 않게 휘두르는 사람이 민폐인 이유는 동일하다. 알지도 못하는 아저씨가 근처에서 노상 무언가를 외치고 있어도 자신과 관계없으면 눈길 한 번 주지 않고 지나가면 그만이다. 혹은 잔소리 많은 아주머니가 있어도 자신에게 비난의 화살이 향하지 않는 이상 인사만 하면 그만이다. 그러나 상사나 동료, 친구나 애인, 부모나 배우자처럼 어떤 형태로든 관여해야 하는 관계라면 고민의 씨앗이 된다.

누군가에게 휘둘리는 일을 어떻게든 피하고 싶은지 특히 젊은 세대에서 타인과의 관계를 될 수 있는 한 피하는 일이 증가하고 있다고 한다. 이런 흐름을 타고 비혼화가 진행되는 것인지도 모른다. 타인과의 관계를 피하는 일과 고립은 동전의 양면이라 할 수 있다. 그리고 고립은 휘둘리기 쉬운 요인 중 하나라고 앞서 지적한 바 있다. 그러므로 누구에게 도 휘둘리지 않기 위해서 타인과 관계를 피하는 것이 얄궂 게도 휘둘리는 원인 중 하나가 될 수도 있음을 인지해야 한 다. 그리고 타인과 현명하게 관계를 맺는 방법을 습득해야 만 한다. 그 방법 습득에 이 책이 도움이 되면 기쁠 것이다.

이 책에서 인용한 라 로슈푸코, 파스칼, 라캉의 말은 다음 텍 스트를 참조했다.

La Rochefoucauld: "Maximes et Reflexions diverses" Flammarion

Pascal: "Pensees" Folio

Lacan: "Ecrits" Seuil

마치며

주

1) 지그문트 프로이트 저, 윤희기 역,《정신분석학의 근본 개념》, 열린
책들

2) 하랄트 슈테판 저, 최경은 역,《아돌프 히틀러》, 한길사

3) 그레고리 베이트슨 저, 박대식 역,《마음의 생태학》, 책세상

4) 오구라 지카코 저,《증보판 마츠다 세이코론》, 아사히분코(국내 미출간)

5) 지그문트 프로이트 저, 이은자 역,《인간 모세와 유일신교》, 부북스

6) 안나 프로이트 저, 김건종 역,《자아와 방어기제》, 열린책들

7) 지그문트 프로이트 저, 윤희기 역,《정신분석학의 근본 개념》, 열린
책들

8) 위의 책

9) 안톤 델브뤼크 저, 아키모토 하루오 역,《공상허언자》, 소조슛판(국
내 미출간)

10) 지그문트 프로이트 저, 김석희 역,《문명 속의 불만》, 열린책들

11) 조지 사이먼 저, 조은경 역,《양의 탈을 쓰다 - 웃는 얼굴로 칼 꽂
는 사람 대처법》, 모멘토

12) 프리드리히 니체 저, 홍성광 역,《도덕의 계보학》, 연암서가

나는 왜 저 인간에게 휘둘릴까?

2018년 4월 12일 초판 1쇄 발행

지은이·가타다 다마미
옮긴이·정선미

펴낸이·김상현, 최세현
책임편집·정선영, 이기웅, 김새미나

마케팅·김명래, 권금숙, 심규완, 양봉호, 임지윤, 최의범, 조히라
경영지원·김현우, 강신우 | 해외기획·우정민
펴낸곳·(주)쌤앤파커스 | 출판신고·2006년 9월 25일 제406-2006-000210호
주소·경기도 파주시 회동길 174 파주출판도시
전화·031-960-4800 | 팩스·031-960-4806 | 이메일·info@smpk.kr

쌤앤파커스(Sam&Parkers)는 독자 여러분의 책에 관한 아이디어와 원고 투고를 설레는 마음으로 기다리고 있습니다. 책으로 엮기를 원하는 아이디어가 있으신 분은 이메일 book@smpk.kr로 간단한 개요와 취지, 연락처 등을 보내주세요. 머뭇거리지 말고 문을 두드리세요. 길이 열립니다.